AF175933

Vor fünfzehn Jahren begann eine wundervolle Beziehung zwischen einem Deutschen und einer Thailänderin. Nicht das übliche Klischee – Barmädchen trifft auf teutonischen Urlauber oder Frauen aus dem Katalog kaufen. Nein, in Zeiten der Globalisierung treffen sich Menschen aus aller Herren Länder durch Auslandsjobs – und dabei entstehen Kontakte und Multikulti-Liebschaften. Es ist das Normalste auf der Welt: Menschen verlieben sich ineinander. Diese Geschichte erzählt von solch einer Liebe und den damit verbundenen, teilweise unmenschlichen Hürden, die von Regierungen aufgetürmt werden. Den Menschen in Deutschland werden Beziehungen mit einem Drittstaatler extrem schwergemacht. Dabei drängt sich unwillkürlich die Frage auf: Ist das politisch so gewollt?

Persönlichkeitsangaben und Schauplätze wurden teilweise aus Datenschutzgründen geändert.

Nak Butchanon

No Pompem – Liebe kennt keine Grenzen

Eine bilaterale Beziehung mit einer Thailänderin

Bibliografische Information der Deutschen Nationalbibliothek: Die Deutsche Nationalbibliothek verzeichnet diese Publikation in der Deutschen Nationalbibliografie; detaillierte bibliografische Daten sind im Internet über dnb.dnb.de abrufbar.

2. Auflage: Mai 2022
© 2022, Nak Butchanon
Herstellung und Verlag:
BoD – Books on Demand, Norderstedt
ISBN: 9783756211487
Printed in Germany

Abt Luang Pho Lai, der Ziehvater von Lilli

Für meine Tochter Alice, meine Enkel,

meine Patenkinder,

meine Neffen,

alle meine thailändischen Verwandten

und Freunde,

ohne die ich die Schönheiten

Thailands niemals kennengelernt

noch den Traum Thailands

verstanden hätte.

Ahnungslos deprimiert

Wir fuhren auf der Autobahn irgendwo in Bayern. Mit Eckhard, Pavel und Kevin hatte ich den Abend in einem Shisha-Café verbracht. Die Jungs waren auf die Idee gekommen, jede Woche irgendeinen Unsinn anzustellen, um meine Stimmung etwas aufzuhellen. Mein Leben war momentan eine Achterbahnfahrt der Gefühle. Die zwanzigjährige Beziehung mit meiner Jugendliebe und späteren Ehefrau war gerade zu Ende gegangen. Es erging mir so wie vielen anderen Menschen auch: Ich, das Kind aus einer gescheiterten Ehe, das alles darangesetzt hatte, nicht zu scheitern, schaute jetzt auf einen Scherbenhaufen zurück.

Im Auto hing ich meinen Gedanken nach. Plötzlich kam mir eine Szene aus der amerikanischen Serie »King of Queens« in den Kopf, in der die drei Protagonisten der Filmreihe zur Massage gingen und dabei richtig viel Spaß hatten. Also machte ich den Jungs den Vorschlag: »Wir könnten doch das nächste Mal zum Massieren gehen!«

Die drei waren teils begeistert, teils verunsichert. Kevin fragte: »Wo kann man sich denn massieren lassen?« Ich hatte schnell eine Antwort parat: »In Tschechien gibt es Thai-Massagen.« Sofort kam der skeptische Einwurf: »Ist das denn was Seriöses?«

Ich erzählte ihnen von den Erfahrungen unseres gemeinsamen Freundes Stanley, der kürzlich an Krebs verstorben war. Zeit seines Lebens hatte er in Asien Urlaub gemacht und von den Thai-Massagen geschwärmt.

Kevin und ich beschlossen, der Frage auf den Grund zu gehen. Wir vereinbarten, in den nächsten Tagen einen Thai-Massage-Betrieb in Tschechien zu testen.

Meine Gedanken kehrten wieder zurück zu meinem derzeitigen familiären Drama. Meine Ehefrau hatte in Kuba alleine Urlaub gemacht und sich dabei in einen Kubaner verliebt. Um die Demütigung perfekt zu machen, musste sie mir auch noch erzählen, wie innig und leidenschaftlich sich diese sexuelle Beziehung für sie entwickelt hatte.

Ich saß hinter dem Steuer meines Fahrzeugs und fühlte mich wie ein Häufchen Elend. Mein Selbstwertgefühl war im Keller. Das Einzige, was mich daran hinderte, zur Flasche zu greifen und meine Sorgen im Alkohol zu ertränken, war mein Job. Ich leitete ein Ingenieurbüro für Tragwerksplanung mit zwölf Mitarbeitern, darunter mein Onkel Eckhard und mein Freund Kevin. Den beiden fühlte ich mich sehr verbunden, weshalb ich jeden Tag die entsprechende Disziplin aufbrachte, den Laden am Laufen zu halten.

Manchmal litt meine Konzentration sehr unter der Situation. Doch ich joggte jeden Abend um einen Stausee in der Nähe meines Wohnortes – so konnten sich wenigstens ein paar Endorphine in meinem Körper ausbreiten.

Seit geraumer Zeit ging ich zu einem Psychotherapeuten. Den ursprünglichen Termin hatte Kevins Ehefrau für mich vereinbart, die mit dem

Psychotherapeuten befreundet war. Der Grund für meine Besuche war das manisch-depressive Verhalten meiner Frau, seit sie aus ihrem Kubaurlaub vor einem Jahr zurückgekehrt war.

Schon als ich sie vom Flughafen in München abholte, wirkte sie komplett verändert. Kaum waren wir zu Hause angekommen, bezog sie das Obergeschoss in unserem Eigenheim. Dort schloss sie sich tagelang ein und verbrachte die Tage mit Rauchen und Trinken. Als sie mich endlich zu einem Gespräch nach oben bat, erschrak ich über ihren verwahrlosten Zustand. Sie hatte sich tagelang nicht gewaschen oder auf irgendeine andere Art gepflegt. In ihrem Bett lagen die Zigarettenkippen von einer Woche verteilt. Zudem standen mehrere Rotwein-flaschen in ihrem Schlafzimmer herum. Wenn sie ihren Mund öffnete, erstrahlte ein vom regelmäßigen Rotweingenuss rötlich schimmern-des Gebiss.

Bei ihrem Anblick kam mir ein beunruhigender Gedanke in den Sinn: Sie musste auf Kuba Opfer einer Vergewaltigung geworden sein.

Der Zorn trieb mir die Röte ins Gesicht. Ich wusste nicht, auf wen ich wütender sein sollte – auf den vermeintlichen Vergewaltiger meiner Frau oder auf meine Frau selbst, weil sie sich in eine solche Situation gebracht hatte.

Was war geschehen?

Eineinhalb Jahre zuvor, im Mai 2005, hatten wir unseren Jahresurlaub auf Kuba verbracht, genauer gesagt in Varadero, an der Nordküste

Kubas. Varadero liegt auf der Halbinsel Hicacos, gut 120 km östlich von Havanna.

Es war kein entspannter Urlaub. Die erste Missstimmung kam schon bei der Einreise im Flughafengebäude auf. Da eine kubanische Beamtin bei der Passkontrolle mit mir flirtete, herrschte erst mal Eiszeit bis zur Ankunft in unserem Hotel.

Der nächste Fauxpas passierte am Abend im hoteleigenen Restaurant. Es war zum Bersten voll und meine Frau bestellte bei der kubanischen Bedienung ein Glas Rotwein. Nach längerer Wartezeit beschwerte sie sich bei mir, weil sie immer noch nicht ihr Getränk erhalten hatte. Daraufhin begab ich mich zur Bedienung und machte sie noch einmal auf die Bestellung aufmerksam. Trotzdem beschwerte sich meine Frau weiter bei mir. Ich wollte sie beschwichtigen, indem ich ihr erklärte, dass das Restaurant komplett überfüllt sei und die Bedienung nur versuche, ihr Bestes zu geben. Ruhig sagte ich zu ihr, sie möchte noch etwas Geduld haben, wir hätten doch Urlaub.

Meine Worte brachten das Fass zum Überlaufen. Sie schrie so laut herum, dass die umliegenden Gäste ihre Aufmerksamkeit auf uns richteten. Ich wollte im Boden versinken. Sie beschuldigte mich, dass ich nur zur Bedienung halten würde und für sie kein Verständnis hätte.

Sofort verließ ich das Restaurant und schämte mich. Ich wollte auf und davon laufen. Geknickt ging ich auf unser Zimmer und wartete auf die nächste Konfrontation. Die blieb jedoch aus.

Unser Zimmer befand sich im Obergeschoss eines zweistöckigen Gebäudes. Jedes Gebäude der Hotelanlage besaß eine kleine überdachte Terrasse, die zum Meer hin lag. Ich stellte mich auf den Balkon und schaute nach unten. Auf der Terrasse saß meine Frau in Begleitung einer männlichen Person, die ich von meinem Standort aus nicht genau erkennen konnte. Ich sah nur die Füße des Mannes und die freudige Erregtheit meiner Frau.

Daraufhin legte ich mich ins Bett und schlief nach geraumer Zeit ein, mit Wut und Verzweiflung im Bauch. Am nächsten Morgen packte ich meinen Rucksack und fuhr mit dem Bus nach Havanna. Ich wollte den Tag alleine verbringen und meine seelischen Wunden lecken. Die restliche Zeit in Kuba verbrachten wir in einer sonderbaren Stimmung der Ablehnung.

Wieder zurück in Deutschland, besuchten wir meine Tante Edeltraud und meinen Onkel Xaver. Meine Frau verstand sich sehr gut mit Tante Edeltraud und die beiden diskutierten miteinander über Frauen, die ohne ihre Ehemänner verreisten.

Später eröffneten sie mir, dass eine Frau auch mal alleine Urlaub machen müsse. Zu diesem Zeitpunkt war mir das schlichtweg egal. Wie sich herausstellte, plante meine Frau hier schon eine weitere Reise nach Kuba, und zwar ohne mich.

Bereits eine Woche nach unserer Rückkehr buchte sie einen zweiwöchigen Aufenthalt in demselben Hotel, in dem wir zuvor gewohnt hatten.

11

Das war die Vorgeschichte, die mich zu der Vermutung veranlasste, meine Frau sei während ihres alleinigen Urlaubs auf Kuba Opfer einer Vergewaltigung geworden. Als Täter hatte ich den dunkelhäutigen Kubaner in Verdacht, von dem ich nur die Füße kannte.

Ich machte mich auf den Weg zu unserer Hausärztin und erzählte ihr die Geschichte mit der Bitte um Hilfe. Sie empfahl mir einen Psychotherapeuten in einer benachbarten Stadt, den ich aufsuchen sollte, um meiner Frau zu helfen. Als ich dort anrief, bekam ich die Auskunft, dass erst in einem Jahr ein Termin möglich wäre. Wie der Zufall es wollte, war die Ehefrau meines Freundes Kevin mit besagtem Psychotherapeuten befreundet, und sie verschaffte mir sogleich einen Termin.

Nach dem ersten »Date« mit dem Therapeuten waren wir schon beim Du angekommen und ich berichtete ihm von den merkwürdigen Verhaltensweisen meiner Frau. Die Wochen vergingen und ich erzählte mehr und mehr. Damals dachte ich, es könnte nicht mehr schlimmer kommen, jedoch wurde ich bald eines Besseren belehrt.

Eines Tages kam ich von der Arbeit nach Hause und sah, dass wir nun nicht mehr zu zweit wohnten. Birgit, die Schwester meiner Frau, war ebenfalls im Obergeschoss eingezogen. Die Besonderheit daran war, dass Birgit gerade aus der geschlossenen Abteilung der Psychiatrie entlassen worden war.

Das erste Wochenende flüchtete ich nach München zu meinem Freund Peter. Er wohnte dort in einer Wohngemeinschaft, in der Besuch stets willkommen war.

Unser Eigenheim umfasste zwei separate Wohnungen. Man konnte jedoch nur durch die Erdgeschosswohnung in den Keller gelangen, wo sich die Waschmaschine befand. Bevor ich nach München aufgebrochen war, hatte ich die Wohnung im Erdgeschoss verschlossen, da ich nicht wollte, dass die Damen während meiner Abwesenheit in meinen persönlichen Dingen herumkramten.

Als ich am Montag von der Arbeit nach Hause kam, rief mich die gesetzliche Betreuerin meiner Schwägerin an. Sie war am Telefon sehr aggressiv und forderte mich auf, den Zugang zur Waschmaschine sofort wiederherzustellen. Nachdem ich ihr die Sachlage erläutert hatte, bat ich um einen Termin bei ihr, damit sie mich persönlich kennenlernen konnte.

Ein paar Tage später fuhr ich zu ihrer Kanzlei, die etwa 40 km entfernt lag. Sie war Rechtsanwältin und eine Kollegin meines Schwagers. Ich wusste, dass ich bei der ersten Begegnung einen guten Eindruck hinterlassen musste, und war dementsprechend nervös.

Das Gespräch mit ihr verlief sehr zufriedenstellend für mich. Sie zeigte Verständnis für meine aktuelle Lebenssituation und ich erzählte ihr von meinen Ängsten, die ich seit der Angelegenheit mit der Waschmaschine hatte: Meine Frau und meine Schwägerin könnten sich

13

alle möglichen Geschichten über mich ausdenken und sich gegenseitig als Zeugen benennen. Bevor ich sie verließ, sagte sie mir an der Tür: »Passen Sie gut auf sich auf.« Diese Worte sollten noch lange in mir nachklingen. Wir blieben in Kontakt und ich bat sie darum, sich um eine Wohnung für meine Schwägerin zu kümmern.

In der Zwischenzeit verbrachten meine Schwägerin und meine Frau sehr viel Zeit damit, sich zu betrinken. Birgit erzählte mir, dass sie mittels überall versteckter Kameras beobachtet werde und ich müsse doch etwas dagegen unternehmen. Außerdem sitze sie den ganzen Tag vorm Radio, da sie hierüber persönliche Nachrichten erhalte. Sie klebte jeden Zwischenraum der Nut-Feder-Profilholzdecken mit Klebeband ab, damit die versteckten Kameras sie nicht weiter belästigen konnten.

Unsere Nachbarin kam eines Abends zu mir und beschwerte sich über das parkende Auto vor ihrer Garage. Ich erklärte ihr, dass ich dieses Thema schon mehrfach mit Birgit besprochen hatte, leider jedoch keinen Einfluss auf ihr Tun und Handeln hätte. Unsere Nachbarin, die einen Weinhandel betrieb, erwähnte bei diesem Gespräch die vielen Rotweinkartons, die meine Frau und meine Schwägerin bei ihr einkauften. Was sollte ich darauf sagen? Ich beglückwünschte sie zu ihrem guten Geschäft.

Das Problem mit dem parkenden Auto erledigte sich sehr elegant von alleine, denn die Polizei entzog meiner Schwägerin wegen Trunkenheit am Steuer den Führerschein. Birgit war jetzt

jeden Tag zu Hause und suchte immer wieder den Kontakt zu mir. Ich erklärte ihr anhand einer Parabel, dass es keinen gemeinsamen Weg mehr für uns geben kann.
In diese Phase fiel der fünfzigste Geburtstag unseres Nachbarn. Wir hatten schon vor geraumer Zeit eine Einladung von ihm bekommen. Schweren Herzens begab ich mich zum Nachbarhaus und übergab mein Geschenk. Der Frau des Geburtstagskindes erklärte ich, dass ich leider nicht in Stimmung sei, an der Feier teilzunehmen. Ich hätte zurzeit zwei Frauen mit Psychosen aus dem schizophrenen Formenkreis bei mir zu Hause. Sie hatte vollstes Verständnis dafür und erklärte mir, dass auch sie in der Verwandtschaft mit Schizophrenie zu tun hätten.
Schließlich rief mich die Betreuerin meiner Schwägerin an und erklärte mir, dass sie jetzt endlich eine Wohnung für Birgit gefunden hatte, und zwar im eine Stunde entfernten Amberg. Es war eine beruhigende Nachricht. Somit hatte ich eine »Verrückte« weniger am Hals.

Wochen und Monate vergingen. Ich besuchte wöchentlich den Psychotherapeuten und erzählte von den wenigen Ereignissen, die sich zwischen meiner Frau und mir abspielten.
Eines Nachts wachte ich schweißgebadet auf und sah meine Frau in der Schlafzimmertüre stehen. Sie schaute mich mit einem verklärten Blick an, um daraufhin auf den Boden zu urinieren. Sie ließ es laufen und es bildete sich eine Lache auf dem Steinboden im Flur vor dem Schlafzimmer.

Ich stand auf, packte sie, brachte sie in das unmittelbar anschließende Bad und setzte sie in die Wanne, um sie abzuduschen. Danach säuberte ich den Flur.

Die Erläuterung des Psychotherapeuten zu dieser Situation war ernüchternd einfach: Meine Frau wollte damit Aufmerksamkeit erreichen. Und ich hatte die Sauerei aufzuwischen. Vielen Dank. Er gab mir ein Buch zum Lesen: »Die Wolfsfrau«.

Es war nur das erste von vielen Büchern, die ich noch lesen sollte. Wie sich herausstellte, war meine Frau sehr interessiert an diesem Buch. Sie fragte mich, wo ich es denn herhätte, und so erzählte ich ihr von dem Psychotherapeuten und wie ich zu ihm kam. Sie nahm es wohlwollend zur Kenntnis und eröffnete mir, dass der dunkelhäutige Kubaner, von dem ich nur die Füße kannte, nicht – wie ich dachte – ihr vermeintlicher Vergewaltiger war. Nein, er wäre nun ihr neuer Mann und ich sollte mich daran gewöhnen.

Danach erzählte sie mir pikante Erlebnisse aus ihrem Sexualleben mit diesem Mann. Sie würde jetzt nur darauf warten, bis er sie in den nächsten Wochen hier besuchen käme.

Zu einem Besuch kam es jedoch nie. Meine Frau beschloss, einen weiteren Urlaub zu buchen, und flog erneut nach Kuba.

Eines Abends lag ich alleine im Wohnzimmer und las das neueste Buch aus der »Harry Potter«-Reihe. Während ich so dalag, bekam ich auf einmal keine Luft mehr. Ich musste alle Fenster aufreißen, um dieses Gefühl der Atemlosigkeit zu kompensieren.

Was war das denn? Ich hatte pure Verlustangst.

Gewinn von Erkenntnissen

Mit dem Auto fuhr ich nach Regensburg, um in einem großen Büchergeschäft herumzustöbern. Ich wurde fündig und kaufte mir ein Buch über weiblichen Narzissmus. Dieses Buch las ich in nur einer Nacht zu Ende und es eröffnete mir den Zugang zur Psychologie.

Die Psychologie ist eine empirische Wissenschaft. Ihr Ziel ist es, menschliches Erleben und Verhalten zu erforschen sowie alle dafür maßgeblichen inneren und äußeren Ursachen zu erklären.

Weitere Bücher sollten folgen, die ich jeweils ebenfalls in einem Zug regelrecht verschlang.

Eines Tages – ich war auf der Arbeit – klingelte mein Telefon im Büro. Es war meine Frau, die aus dem Urlaub anrief. Sie verlangte von mir, sofort nach Kuba zu kommen, um sie abzuholen. Natürlich verweigerte ich diese Forderung, denn ich konnte nicht einfach alles stehen und liegen lassen, um nach Kuba zu fliegen. Wir vereinbarten, dass ich sie jeden Abend anrufe und sie sich unmittelbar nach ihrer Ankunft in Deutschland in psychiatrische Behandlung begeben würde.

Nachdem ich ein Buch über die schwarz-weiße Welt der Borderline-Persönlichkeit gelesen hatte, kam ich der psychischen Offenbarung meiner

Frau immer näher. Sie kehrte nach Deutschland zurück und hielt sich zunächst an unsere Vereinbarung. Sie fuhr jede Woche zu einem Psychotherapeuten in der benachbarten Stadt.

Ein paar Wochen später erzählte sie mir, dass ich ab sofort mitkommen sollte, damit wir uns in eine Paartherapie begeben könnten, und ich erklärte mich einverstanden.

Während der ersten Sitzung unterstellten mir beide, der Psychotherapeut und meine Frau, ich hätte in der Vergangenheit sämtliche Aufgaben an mich gerissen und diese somit meiner Frau weggenommen. Dies untermauerte der Psychotherapeut mit einem Beispiel: Früher betrieb meine Frau ein Blumengeschäft und ich hätte sämtliche Kontrolle darüber übernommen.

Ich konterte darauf mit folgendem Argument: Zu dieser Zeit hatte ich einen Zehn-Stunden-Tag im Ingenieurbüro zu bewältigen. Sobald ich nach Hause kam, erledigte ich Renovierungsarbeiten an unserem Mietshaus. Wie hätte ich zusätzlich Zeit für die Führung und Organisation eines Blumengeschäfts aufbringen und nebenbei noch eine Mütze Schlaf finden sollen? Wenn er mir nachweisen könnte, wie das logistisch möglich wäre, dann würde ich ihm recht geben, sagte ich. Andernfalls lag ich ihm nahe, erst einmal seine Neutralität zu überdenken.

Das war die erste und letzte gemeinsame Sitzung beim Psychotherapeuten. Ich verabschiedete mich und wünschte ihnen viel Erfolg bei der Aufarbeitung ihrer Probleme. Ich würde die

Probleme meiner Frau ab sofort nicht mehr zu meinen eigenen machen, erklärte ich.

Es dauerte nicht lange und die nächste Konfrontation folgte. Ich saß nach einem gestressten Arbeitstag vor dem Fernseher und wollte mir meine Lieblingssendung »King of Queens« ansehen. Meine Frau kam ins Wohnzimmer und unterstellte mir, ich würde diese Sendung nur wegen der Hauptdarstellerin ansehen. Ich verneinte. Daraufhin warf sie mit einem Gegenstand nach mir, der mir eine offene Fleischwunde am Oberarm bescherte.

Ein paar Tage später schrie sie in der Wohnung herum und machte mir erneut eine Szene. Diesmal waren es die Darstellerinnen in den »James Bond«-Filmen, an denen sie sich störte. Sie erregte sich so sehr, dass sie die Wohnzimmertüre zuschlug und das Glas in der Füllung zerbrach. Daraufhin umfasste ich mit den Händen ihre Unterarme und sagte ihr, sie solle sich jetzt beruhigen.

Sie beruhigte sich nicht. Sie ging zum Telefon und rief die Polizei an, um mich zu beschuldigen, dass ich sie geschlagen hätte.

Jetzt war ich komplett am Boden zerstört und wartete im Treppenhaus auf die Ankunft der Beamten. Als die beiden Polizisten eintrafen, kam der jüngere der beiden sofort aggressiv auf mich zu gerannt und hielt mich fest.

Ich ließ es einfach geschehen, um nicht noch mehr Unruhe in die Situation zu bringen. Meine Gedanken kreisten einzig um die Schande, die ich fühlte, weil die Polizei in unser Haus kam: Was würden die Nachbarn nur denken?

Der ältere der Polizisten befragte meine Frau, wie ich sie denn geschlagen hätte, und sie antwortete wahrheitsgemäß, dass ich ihre Unterarme festgehalten hatte. Er fragte mich: »Warum hielten Sie denn ihre Unterarme fest?« Daraufhin antwortete ich: »Weil sie die Türe so heftig zuschlug, dass die Glasfüllung darin brach, und ich sie beruhigen wollte.« Er erkannte rasch die Situation und fragte mich, ob ich mit ihm auf die Polizeistation kommen möchte, um zu reden. Ich verneinte und sagte ihm: »Ich fahre zu meinem Onkel Eckhard, der in der Nähe wohnt, und werde dort die Nacht verbringen.«

Meine Frau wollte mich nicht fahren lassen und warf sich vor das Auto. Die Polizisten hoben sie hoch und brachten sie zurück ins Haus. Ich machte mich auf den Weg, der zunächst durch das nächtliche Spalier der Nachbarn führte.

Bei Onkel Eckhard angekommen, erzählte ich ihm und meiner Tante den Geschehensablauf der Nacht. Danach fiel ich in einen unruhigen Schlaf.

Am nächsten Morgen erreichte mich die fernmündliche Bitte meiner Frau, nach Hause zu kommen. Wenn ich nicht heimkäme, würde sie sich das Leben nehmen.

Ich folgte ihrem Aufruf und für ein paar Tage kehrte Ruhe ein. Die Zeit nutzte ich, um mich wieder meinen Büchern zu widmen.

Nicht lange nach diesen Ereignissen beschloss meine Frau, in die Erdgeschosswohnung um-zusiedeln, ich sollte ab sofort im Obergeschoss wohnen. Also verzog ich mich nach oben und richtete mich dort häuslich ein.

Etwa zu dieser Zeit beschlossen mein Freund Kevin und ich, die Seriosität eines Thai-Massage-Instituts in Tschechien zu testen. Er holte mich mit seinem Auto ab und wir steuerten eines an, das uns der Organist unserer katholischen Heimatgemeinde empfohlen hatte. Bei unserer Ankunft waren wir zuerst verunsichert, buchten jedoch je einen Termin für eine Stunde Thai-Massage. Zuerst musste man eine Dusche nehmen und sich dann, mit einem Handtuch bedeckt, hinlegen.

Nach einer geraumen Zeit kam die Masseurin in den Raum. Sie trug ein wundervolles asiatisches Lächeln auf dem Gesicht. Ich fragte in Englisch: »Where do you come from?« Sie antwortete: »From Bangkok.«

Ich sollte mich auf den Bauch legen und dann fing sie an, mich zu massieren. Es war eine Wohltat. So entspannt war ich seit Jahren nicht mehr gewesen und ich schlief sofort ein. Irgendwann hörte ich wie im Nebel, dass ich mich umdrehen sollte. Danach erfolgte die Massage in Rückenlage.

Nach dem Termin traf ich Kevin am Ausgang wieder und fragte ihn nach seiner Meinung. Auch er war mehr als begeistert. Gut gelaunt fuhren wir nach Hause, um uns mit unserem gemeinsamen Freund Pavel zu treffen.

Zu dritt gingen wir in ein italienisches Restaurant, das von einem Ägypter und seiner deutschen Freundin geführt wurde. Der Koch jedoch war ein Italiener. Beim gemeinsamen Abendessen erzählten wir Pavel von unserem Erlebnis. Es war bereits spät und wir wollten gerade aufbrechen, da sagte ich in die Runde: »Ich fahre noch einmal hinüber und mache eine Massage.« Kevin antwortete spontan: »Ich fahre mit.« »Ihr seid verrückt«, entgegnete Pavel.

Jedoch: Gesagt, getan. Wir fuhren erneut und es war genauso herrlich wie beim ersten Mal. Es lag vermutlich an den wohltuenden, sanften Berührungen, die man bei einer Massage erfährt und die nicht nur dem Körper guttun, sondern auch der Seele.

Schmerzhafte Erinnerungen

Meine Frau und meine Schwägerin Birgit hatten mir einmal von ihrer verstorbenen Schwester Hermine erzählt. Sie hatte immer davon geredet, dass sie von ihrem Vater sexuell missbraucht worden wäre. Später nahm sie sich das Leben, indem sie von einer Brücke vor einen heranfahrenden Zug sprang. In Anbetracht dessen war Hermines Äußerung sehr ernst zu nehmen.

Manchmal ging ich auf den Friedhof, besuchte das Grab meiner Mutter und unterhielt mich mit ihr. Die Situation zwischen mir und meiner Frau besserte sich jedoch nicht. Ich steckte fest und wusste nicht mehr weiter.

Als Kind hatte ich einmal die Ferien in Südafrika verbracht, bei einem guten Freund der Familie.

22

Er hieß Wolfgang. In meiner aussichtslosen Lage schrieb ich ihm einen Brief und kündigte mein Kommen an. Ich wollte nur noch weg, weg aus Deutschland und weg aus dem täglichen Irrsinn.

Wolfgang antwortete mir und gab mir eine Perspektive. Er schrieb, er hätte eine Wohnung für mich und auch eine Arbeitsstelle. Sein Schwager besäße eine Restaurantkette in Durban, dort könnte ich erst einmal zu arbeiten anfangen.

Also fuhr ich in ein Reisebüro, um einen Flug nach Südafrika zu buchen. Die Reiseverkehrskauffrau war etwas verwundert, da ich beabsichtigte, nur ein One-Way-Ticket zu kaufen, und wollte mich in ein Gespräch verwickeln, doch ich wiegelte ab.

Ein paar Tage später befand ich mich bei Kevin im Wohnzimmer und erzählte ihm von meinem Entschluss, nach Südafrika auszuwandern. Im weiteren Verlauf des Gesprächs fing er an, auf mich einzureden und mir ein schlechtes Gewissen zu machen.

Was würde aus der Firma, aus ihm und Eckhard werden, wenn ich einfach verschwinden würde, waren seine Äußerungen.

Nicht lange und er hatte mich so mürbe gemacht, dass ich das ganze Vorhaben aufgrund meines schlechten Gewissens und meines Verantwortungsbewusstseins verworfen hatte. Ich versuchte noch, das Flugticket bei eBay zu verkaufen, jedoch blieb ich auf den Kosten sitzen.

Ich traf mich weiterhin einmal wöchentlich mit meinen Kumpels. Manchmal nutzten wir unseren

23

gemeinsamen Tag, um uns massieren zu lassen und anschließend zum Abendessen zu gehen. Jedes Mal war ich erneut von der Massage begeistert.

Doch bei einem Termin war plötzlich etwas anders. Ich hatte eine Masseurin, bei der ich ein noch nie da gewesenes Gefühl verspürte. Es fühlte sich so an, als würde ich diesen Menschen schon immer kennen.

Es war sehr unterhaltsam für mich und sehr peinlich für sie, denn sie musste ununterbrochen auf die Toilette. Wahrscheinlich hatte sie etwas Schlechtes gegessen und ihr Magen rebellierte. Dadurch kamen wir allerdings sehr schnell ins Gespräch. Wir unterhielten uns auf Englisch und sie erzählte mir von ihren Kindern, die sie sehr vermisste. Ihre beiden Söhne lebten bei ihrem geschiedenen Ehemann in Bangkok.

Ich berichtete ihr von meiner Frau, die krank sei, und dass ich mich um sie kümmern müsse. Zum Abschluss nannte sie mir ihren Namen: Lilli. Wenn ich das nächste Mal kommen würde, dann sollte ich nach ihr fragen.

Die nächste Konfrontation mit meiner Frau folgte unmittelbar darauf. Ich wollte die Haustüre aufsperren, doch es ging nicht. Ein Schlüssel steckte von innen und somit konnte ich das Schloss nicht öffnen. Also klopfte ich an das Schlafzimmerfenster meiner Frau im Erdgeschoss. Bald darauf ertönte eine Stimme von innen, die mir erklärte, ich müsse heute Nacht draußen schlafen.

24

Ich machte mich auf den Weg zu meinem Auto, das in der Einfahrt parkte, da kam sie schon herausgelaufen. Sie warnte mich, es sei das letzte Mal, dass sie mich in das Haus – mein eigenes – hineinlassen würde. Es war das Haus meiner Eltern, das ich nach dem Tod meiner Mutter geerbt hatte.

Wieder einmal ging ich abends alleine auf den Friedhof und hielt Zwiesprache mit meiner verstorbenen Mutter. Ich bat sie um Hilfe. Sie möchte mir doch bitte in dieser ausweglosen Situation beistehen.

Ein paar Tage später wurde in unserem Miets-haus im Erdgeschoss eine Wohnung frei. Kurz darauf eröffnete mir meine Frau, dass sie in diese Wohnung einziehen möchte. Ich konnte mein Glück kaum fassen, offenbarte jedoch keinerlei Emotionen.

Wie gewohnt traf ich mich einmal wöchentlich mit meinen Kumpels. Wenn wir zur Massage gingen, freute sich Lilli jedes Mal, mich wieder-zusehen. Weihnachten stand vor der Tür und ich wollte Lilli eine Freude bereiten. Ich fuhr zu einem Uhrengeschäft und kaufte eine goldene Damenuhr von Tissot. Die Verkäuferin verpackte die Uhr in ein wunderschönes Geschenkpapier und drapierte eine Feder darauf. Bei meinem nächsten Besuch in der Massage-Praxis war ich sehr aufgeregt. Als ich ihr das Geschenk überreichte, nahm sie es voller Überraschung an. Sie bedankte sich mit einem wundervollen

Lächeln und einem »Wai« – eine traditionelle Geste, die in Thailand üblich ist.
Dabei faltet man die Hände und verbeugt sich leicht. Der Wai wird sowohl zur Begrüßung, als Respektsbezeichnung, zum Dank und als Entschuldigung verwendet.
Auf dem Nachhauseweg spürte ich seit langer Zeit wieder das Gefühl von Freude in mir. Aus diesem Gefühl sollte sich bald eine zarte Zuneigung entwickeln.

Meine Frau erzählte mir am 24. Dezember, dass wir zum Abendessen bei ihren Eltern eingeladen seien. Ich war über dieses Angebot sehr verärgert, ließ es mir aber nicht anmerken und lehnte dankend ab. Die Menschen, die für den seelischen und körperlichen Missbrauch meiner Frau verantwortlich waren, hatten sie wieder in ihren Bann gezogen. Auf der anderen Seite jedoch sah ich darin für mich eine Chance, endgültig aus dieser ungesunden Symbiose mit ihr zu entkommen.
Sie verließ das Haus, um bei ihren Eltern den Weihnachtsabend zu verbringen. Als sie wieder zurückkam, brachte sie mir ein eingepacktes Abendessen von ihrer Mutter mit. Ich rührte das Essen nicht an und ließ es einfach auf dem Tisch liegen. Am liebsten hätte ich es sofort in den Müll geschleudert. Die emotionale Distanz zwischen uns, die bereits riesig war, wuchs nun mit jedem Tag weiter.

Beglückende Verliebtheit

Ich kaufte mir einen Sprachführer in Thai und
lernte am Abend nach der Arbeit die ersten
Redewendungen. Bei jedem Massagetermin
wandte ich, zu Lillis Belustigung, die neu
erworbenen Sprachkenntnisse an.

Ich vertrat damals die gefestigte Meinung, dass
ein Zusammenleben mit einer Person aus einem
anderen Kulturkreis außerhalb Deutschlands
nicht möglich sei. Daher entwickelte sich aus der
Zuneigung zu Lilli nur sehr langsam eine
Verliebtheit. Allerdings flirtete ich mit ihr: »Taa
khun suai maak.« (»Du hast wunderschöne
Augen.«) Als Reaktion kam ein dezentes Lächeln,
das alles oder nichts bedeuten konnte.

Irgendwann fasste ich den Mut und fragte sie, ob
sie sich denn mit mir, außerhalb der Massage, zu
einem Abendessen in einem Restaurant treffen
würde. Auch diesmal empfing ich nur ein
nichtssagendes, zurückhaltendes Lächeln, das
mich im Ungewissen ließ. Ich war verunsichert,
ließ es mir aber nicht anmerken und überspielte
meine Enttäuschung.

In ihrer Anwesenheit spürte ich ein Gefühl der
Vertrautheit, das mich emotional eingefangen
hatte. Ich besaß hierfür keine rationale Erklärung.
Ich kannte das Gefühl ja erst seit Kurzem.

Die Zeit verging. Wir trafen uns zur Massage und
plauderten über alles Mögliche, soweit die
gemeinsamen Englischkenntnisse es eben zu-
ließen. Eines Tages bekam ich eine Antwort auf

meine Frage, die ich längst vergessen hatte. Ganz unvermittelt sagte sie: »Yes, we can.«

Ich fragte nach, was sie denn damit meinte, und sie erwiderte, dass wir uns auch einmal außerhalb der Massage treffen könnten. Sie wollte jedoch zwei ihrer Freundinnen mitnehmen – als Anstandsdamen, wie ich vermutete.

Mit meiner Vermutung lag ich goldrichtig, wie sich später herausstellen sollte. Natürlich war es für mich vollkommen in Ordnung und ich freute mich sehr darüber.

Bei mir zu Hause wurde es immer ungemütlicher, denn meine Frau bewohnte weiterhin das Erdgeschoss. Sie spürte natürlich meine emotionale Distanz und verfiel zusehends in Panik. Jetzt trat die schwarz-weiße Welt der Borderline-Persönlichkeit voll in Erscheinung: »Ich hasse dich – verlass mich nicht.«

Sie wusste durch die Ehefrau von Kevin bereits, dass wir einmal in der Woche zur Massage gingen. Also wollte sie mit uns eine Thai-Massage ausprobieren, denn sie befand sich schon seit geraumer Zeit auf einem Esoterik-Trip, was sich mit ihrem Weltbild auch sonst sehr gut verband. Natürlich stellte sie die scheinheilige Frage, ob ich denn immer von der gleichen Frau massiert werden würde. Ich antwortete wahrheitsgemäß, dass es sich meistens um die gleiche Massagetherapeutin handelte, worauf sie prompt antwortete: »Ich möchte auch von dieser Masseurin behandelt werden.«

Um jegliche Konfrontation im Vorfeld zu vermeiden, erzählte ich Lilli von dem Vorhaben

meiner Frau. Davon war sie »not amused«, denn sie fürchtete eine Begegnung mit meiner Frau.

Lilli hatte die Idee, eine Freundin namens Gung sollte sich vor meiner Frau als »meine Masseurin« ausgeben. Sie weihte ihre Freundin in den Plan ein, und diese stimmte zu.

Wie vereinbart nahm meine Frau den Massage-termin wahr. Zu einer Eskalation kam es dabei nicht. Jedoch stellte sie fest, dass diese Thai-Frau namens Gung ihr sehr ähnlichsehe, weshalb ich mich in diese Frau verliebt hätte.

In der Folge nahmen nicht nur die verbalen Entgleisungen zu, sondern auch körperliche in Form von Fußtritten gegen mein Schienbein. Wenn ich zur Massage kam und Lilli ein Hämatom an meinem Körper sah, wurde sie darüber sehr traurig.

Ich erzählte meinem Onkel Eckhard davon, doch er glaubte meinen Berichten nicht. Er sagte, meine Frau sei für so etwas viel zu zierlich.

Ich vermied die Kommunikation mit ihr, so gut es ging. Auf die gelegentliche Frage hin, wann sie denn in die freie Wohnung unseres Mietshauses ziehen möchte, bekam ich nur zur Antwort: »Das musst du schon mir überlassen!«

Mein Entschluss zur Einreichung der Scheidung stand nun fest. Ich rief meinen Schwager Anton an, um einen Termin in seiner Anwaltskanzlei zu vereinbaren. Nicht allein die Zuneigung zu Lilli bekräftigte meinen Entschluss, sondern vielmehr der neu entfachte Kontakt, den meine Noch-Ehefrau seit geraumer Zeit zu ihren Eltern pflegte. Damit war ich nicht mehr verantwortlich für ihr Tun und Handeln. Diese Vaterrolle, in die ich über Jahre hinweg hineingedrängt worden war, gab ich jetzt wieder ab.

Eine Kollegin von Anton übernahm meinen Fall und leitete die Scheidung ein. Sie sandte ein Schreiben an meine Noch-Ehefrau und setzte sie auf postalischem Weg von der Scheidung in Kenntnis.

Ich erklärte meiner Noch-Ehefrau, dass bei einer Einigung zwischen den Parteien ein gemeinsamer Anwalt ausreichen würde, um die Formalitäten zu erledigen. Natürlich verneinte sie dieses Angebot und bestellte einen eigenen Anwalt. Um es vorwegzunehmen: Bis zum Ende des Scheidungskrieges verschliss sie insgesamt vier Anwälte.

Der Rosenkrieg begann

Ich hatte einen ganztägigen beruflichen Auswärtstermin und war mit einem Geschäftspartner unserer Firma in Richtung Erfurt unterwegs. An diesem Tag wütete der Orkan »Kyrill«. Der Sturm machte uns schon auf der Hinfahrt zu schaffen. Auf dem Rückweg entwurzelte er Bäume und warf sie auf die Fahrbahn. Doch wir hatten Glück und kamen wohlbehalten aber mit etwas Verspätung zu Hause an.

Spontan beschloss ich, nach Tschechien zu fahren und Lilli im Massage-Studio aufzusuchen. Aufgrund des Orkans war im gesamten Gebäude der Strom ausgefallen. Also mussten wir improvisieren und Lilli führte die Massage bei Kerzenschein durch. Es war einer der romantischsten Augenblicke, die ich je erlebt hatte. Draußen tobte der Sturm und im warmen Inneren konnten wir gegenseitig unsere Ängste überwinden.

Der lang ersehnte Tag schien nun gekommen und wir trafen uns zu einem gemeinsamen Abendessen. Wir hatten uns an einer Tankstelle in der Nähe des Massage-Studios verabredet. Natürlich war ich überpünktlich, weil ich Verzögerungen am Grenzübergang immer einkalkulieren musste. Dann kam sie endlich, zusammen mit ihren beiden Freundinnen Lek und Geo. Wir fuhren zu einem chinesischen Restaurant in der Innenstadt.
Es war ein fröhlicher, ausgelassener Abend und die Frauen genossen die willkommene Abwechslung. Lilli brachte mir das Essen mit Löffel und Gabel bei, so wie es in Thailand Sitte ist. Man nimmt den Löffel in die rechte Hand und schiebt mit der Gabel in der linken das Essen auf den Löffel, den man dann zum Mund führt. Während des Essens kam Lilli auf die Idee, wir könnten doch gemeinsam einen Thai-Massage-Betrieb in Deutschland eröffnen.
Ich fand diesen Einfall genial, denn ich wusste ja bereits, wie erholsam, entspannend und regenerativ eine Thai-Massage wirkt. Der Gedanke passte auch sonst sehr gut zu meiner

Umbruchstimmung. Ich würde dadurch einen kompletten Neustart hinlegen können.

Zu dieser Zeit absolvierte ich fast täglich einen Mittelstreckenlauf von ca. 10 km rund um meinen geliebten Hochwasserspeicher herum. Ich wollte mich in Form halten und mental festigen. Joggen setzt im Körper Endorphine frei, die beruhigend wirken. Das kam mir in der aktuellen Stress-Phase sehr zugute. Es machte mich weniger empfindlich und resistenter gegenüber der hohen Belastung. Die Frau meines Freundes Kevin meinte allerdings, ich wäre verrückt, so viel in der Gegend herumzulaufen.
Die Fahrt zum Hochwasserspeicher am Oberlauf eines Quellflusses dauerte dreißig Minuten, dafür entschädigte mich aber die landschaftlich reizvolle Umgebung. Zudem war das Naherholungsgebiet abends wenig frequentiert.
Meine Noch-Ehefrau machte mir eines Tages den Vorschlag, dass wir es noch einmal zusammen versuchen sollten. Ich wollte über diesen Vorschlag genau nachdenken und so begab ich mich zu meinem Lieblingsplatz, um zu joggen. Vor dem Lauf stellte ich mir die Frage: »Soll ich in diese zwanzigjährige, gewohnte Beziehung zurückkehren, oder soll ich den steinigen Weg der Scheidung und der Ungewissheit eines neuen Lebens mit all seinen Folgen wählen?« Nach dem Lauf und einer kurzen Meditation entschied ich mich für den steinigen Weg.

Lilli und ich verfolgten nun weiterhin die Idee, eine Thai-Massage in Deutschland zu eröffnen.

In den darauffolgenden Tagen nutzte sie die Gunst der Stunde und entwendete meinen Wohnungsschlüssel, sodass ich nicht mehr in der Lage war, meine Wohnräume abzuschließen.

Die Borderline-Wut hatte wieder unbarmherzig zugeschlagen. Es ist bezeichnend für Menschen mit einer Borderline-Persönlichkeitsstörung, dass sie große Angst davor haben, verlassen zu werden.

Meine Noch-Ehefrau kam mit der Rechnung des Privatdetektivs zu mir, um die Bezahlung derselben bei mir einzufordern. Ich erklärte ihr wie einem minderjährigen Kind, dass ich den Auftrag für diese Dienstleistung nicht erteilt hatte und somit auch nicht verpflichtet sei, diese Kosten zu begleichen. Sie möchte doch bitte anfangen, selbst Verantwortung für ihr Leben zu übernehmen, und könne jetzt gleich damit beginnen, indem sie die von ihr in Auftrag gegebene Leistung bezahlte.

Wir nutzten das Tagesvisum von Lilli und fuhren nach Regensburg. Dort besichtigten wir Räumlichkeiten zur geplanten Eröffnung unseres Thai-Massage-Betriebs. Außerdem zeigte ich ihr meine Heimatstadt. Unter anderem besuchten wir die Kirche St. Emmeram, wo ich getauft worden war, und den Dom von Regensburg. Natürlich genossen wir anschließend Bratwürste mit Sauerkraut in der »Historischen Wurstkuchl«. Diese Wurstbraterei liegt neben der Steinernen Brücke in Regensburg und gilt als weltweit ältester Betrieb dieser Art.

In den folgenden Wochen unternahmen wir gemeinsame Streifzüge durch die Umgebung rund um Cheb. Wir besuchten die Burg Loket, Marienbad, Karlsbad, die Burg Seeberg, das Schloss Kynžvart sowie das Glatzener Moor (Kladská). Dort, inmitten stiller Fichtenwälder, steht das ehemalige Jagdschloss des Fürsten Schönburg-Waldenburg. Auf hölzernen Gehsteigen führt ein Lehrpfad rund um einen romantischen Teich und durch das Naturschutzgebiet »Kladská-Taiga«. Das Glatzener Moor besitzt eine ausgesprochen vielfältige Flora und Fauna.

Ein weiteres Mal begaben wir uns nach Prag zur deutschen Botschaft und beantragten ein Schengen-Visum für mehrfache Einreise. Damit war der Weg nach Deutschland frei und wir konnten auch Kurztrips in meinem Heimatland unternehmen.

Einmal fuhren wir nach Österreich, genauer gesagt nach Scheffau in Tirol am Wilden Kaiser. Wir wollten das Skilaufen ausprobieren, jedoch hatte Lilli keine Affinität zu dieser Sportart. So legten wir uns stattdessen in die Wintersonne und genossen die Aussicht auf den Wilden Kaiser.

Auf dem Rückweg machten wir Halt in München, denn dort wohnte Lillis Nichte Nattida. Lilli hatte ein Büchlein mit vielen Telefonnummern. Sie blätterte schnell darin, ein kurzer Anruf und schon hatten wir eine Verabredung.

Wir trafen uns in einem Restaurant, um gemeinsam zu Abend zu essen. Der Abend verlief für mich sehr langweilig, da Lilli und Nattida sich enorm viel zu erzählen hatten und ich kein Wort davon verstand. Da kam mir ein Gedanke in den Kopf: Wir könnten gemeinsam Urlaub in Thailand machen. Ich war noch nie in Thailand und außerdem könnte ich so die Familie von Lilli kennenlernen.

Auf der Rückfahrt erzählte ich ihr von meinem Gedanken und sie war sofort begeistert, denn sie hatte ihre Kinder und ihre Familie das letzte Mal vor einem Jahr gesehen. Sie musste natürlich zuerst bei ihrem vietnamesischen Arbeitgeber Urlaub beantragen, genauso wie ich bei meinem.

Ein paar Tage später sagte sie mir, dass ihr Arbeitgeber mit mir sprechen möchte. Ich willigte ein, denn ich wollte erfahren, was er von mir wollte.

Bei dem Gespräch erklärte er mir sein Anliegen. Er befürchtete, Lilli würde nicht mehr aus Thailand zurückkommen, um ihren Arbeitsvertrag bei ihm zu erfüllen. Also verpflichtete ich mich dazu, für den entstehenden Schaden aufzukommen, sollte sie nicht mehr zurückkehren. Er war einverstanden. Als Faustpfand kopierte er meinen Reisepass und ließ mich darauf unterschreiben.

Somit stand unserer Reise nach Thailand nichts mehr im Weg. Überraschenderweise beschlossen auch mein Freund Kevin und Lillis Freundin Gung, mit uns nach Thailand zu kommen.

Zu zweit planten wir einen Ausflug nach Nürnberg, wo Lilli ein paar Geschenke für ihre Kinder einkaufen wollte. Auf dem Weg dorthin mussten wir die Landesgrenze von Tschechien nach Deutschland überqueren. Dem Grenzbeamten auf der tschechischen Seite genügte ein Blick in Lillis Reisepass, in dem sich ein gültiges Visum befand. Der deutschen Grenzbeamtin reichte das Dokument offensichtlich nicht aus, denn sie wollte wissen, wo wir zum Einkaufen hinfuhren. Ich erwiderte ihr, dass die Reisedokumente in Ordnung seien und wir innerhalb des Schengen-Raums fahren könnten, wohin wir wollten.

Daraufhin forderte sie mich auf, auszusteigen und meinen Kofferraum zu öffnen. Ich machte den leeren Kofferraum auf, sah sie provozierend an und fragte sie: »War es das oder soll ich noch was für Sie öffnen?« Damit war der Machtausübung Genüge getan und wir konnten unbehelligt weiterfahren.

Gute Laune und Gelassenheit prägten immer mehr meine Grundstimmung. Beides war für meine Noch-Ehefrau wie Öl auf das Feuer zu gießen. Demzufolge schloss sich logischerweise die nächste Konfrontation bald an.

Ich vermisste plötzlich meinen Geldbeutel mitsamt seines Inhalts: Personalausweis, Führerschein, Bankkarte, Krankenversicherungskarte und natürlich das Bargeld. Es stellte sich heraus, dass meine Noch-Ehefrau mein Portemonnaie »zur Verwahrung« an sich genommen hatte, damit ich keine Dummheiten anstellen würde. Mit Engelsgeduld und Erklärungen über die Notwendigkeit von Führerschein und Personalausweis für den Alltag bekam ich meinen Geldbeutel wieder zurück.

Aufgrund dieser Erfahrung packte ich sämtliche für mich wichtigen Dokumente und Gegenstände in eine Kiste und brachte diese zu meinem Onkel Eckhard, wo ich sie auf dem Speicher deponierte.

Nach wie vor konnte ich meine Wohnung nicht abschließen, da meine Noch-Ehefrau den Schlüssel nicht zurückgeben wollte. Jedoch konnte ich das Gästezimmer in der Ober geschosswohnung mittels eines Buntbart-schlüssels absperren. Also schlief ich dort, damit ich in Ruhe nächtigen konnte.

Meine Noch-Ehefrau jedoch wollte die ver-schlossene Tür nicht akzeptieren. Möglicher-weise aufgrund des Alkoholeinflusses kam sie eines Tages nach oben und trat mit dem Fuß ein Loch in die Röhrenspantür.

Die Zornesausbrüche einer Borderline-Persön-lichkeit sind genauso unvorhersehbar wie erschreckend. Der Zorn, der sehr intensiv ist und nah unter der Oberfläche brodelt, wird häufig auf Menschen gerichtet, die dem Betroffenen am nächsten stehen.

Aufgrund meiner bisherigen Erfahrungen vermied ich möglichst jede Eskalation. Trotzdem entschied ich mich, das Schloss in meiner Wohnungstür auszutauschen. Es konnte so nicht weitergehen. Jetzt war es an der Zeit, deutliche Grenzen aufzuzeigen.

Der Tag unserer Abreise nach Thailand rückte näher. Die Flugtickets buchte ich über ein Online-Reisebüro und der Versand erfolgte auf dem postalischen Weg. So musste ich jeden Tag schneller am gemeinsamen Briefkasten sein als meine Noch-Ehefrau. Die Anspannung stieg mit jedem Tag. Ich hatte das Glück des Tüchtigen und ergatterte die Sendung, bevor meine Noch-Ehefrau nach der Post sehen konnte.

Mitte April 2007, zwei Wochen vor unserem Abflug, war das buddhistische Neujahrsfest »Songkran«. Die Thailänder begießen sich an diesem Tag mit Wasser und bemalen ihr Gesicht mit Puder. Wir feierten das Songkran-Fest gemeinsam mit Lillis Arbeitskolleginnen abends an einem Stausee. Es gab thailändische Leckerbissen und ein Lagerfeuer brannte. Das dazu nötige Holz hatten wir vorher bei meinem Onkel Eckhard abgestaubt. An der Feier nahmen auch meine beiden Kumpels Pavel und Kevin teil, die als Fahrdienst fungierten. Es war zum Glück nicht sehr kalt und so feierten wir bis in die frühen Morgenstunden. Manche der Mädchen weinten, denn der Alkohol bewirkte, dass ihr Heimweh stieg und die Distanz zu ihren Familienangehörigen stärker spürbar wurde.
Als der Morgen graute, sammelten wir die umherliegenden Alkoholleichen ein, um sie in den Autos zu verstauen und nach Hause zu fahren. Das dauernde Geschaukel im Fahrzeug führte dazu, dass wir gelegentlich anhielten, weil sich ein paar der Damen erleichtern mussten.

Endlich war der Tag unserer Abreise gekommen. Ich packte das Auto früh am Morgen, als alles noch schlief. Dann fuhr ich los nach Tschechien, um Lilli und Gung abzuholen.

Auf dem Rückweg nahmen wir den Grenzübergang bei Waidhaus, um in einem Supermarkt in Weiden noch Geschenke wie Gummibärchen und Schokolade einzukaufen.

Mit Kevin hatten wir als Treffpunkt das Wohnhaus meines Onkels Eckhard vereinbart. Dort wollte ich mein Auto bis zu meiner Rückkehr aus Thailand deponieren, denn es war nicht nötig, mit zwei Fahrzeugen zum Münchner Flughafen zu fahren.

Bei unserer Ankunft wartete Kevin schon ungeduldig. Wir beluden sein Auto und machten uns dann auf den Weg nach Erding. Dort gab es eine Pension mit Parkmöglichkeit, wo Kevin seinen Wagen während unseres Thailand-aufenthalts stehen lassen konnte. Zudem hatten die Eigentümer einen Flughafentransfer mit Minibussen eingerichtet.

Am Abend gingen wir in Erding in eine Pizzeria. Während des Essens begann ich zu schwitzen und es wollte gar nicht mehr aufhören. Ich verließ das Restaurant fluchtartig und die anderen schauten mir nur verwundert nach. Was war mit mir los?

Zu dieser Zeit tappte ich darüber völlig im Dunkeln und es war mir einfach nur peinlich. Später stellte sich dann heraus, dass diese Schweißausbrüche Teil der Wechseljahresbeschwerden beim Mann und somit völlig normal waren.

Bezauberndes Thailand

Am darauffolgenden Tag begann das große Abenteuer mit dem Flug nach Thailand und einem Zwischenstopp in Abu Dhabi. Im Flugzeug kamen Lilli und ich uns näher. Lilli sprach viel von ihren Eltern und ihrer Vergangenheit. Sie erzählte mir, dass sie mit einem jungen Mann aus ihrem Dorf verheiratet wurde, der jedoch eine andere liebte, weshalb diese Beziehung von Anfang an zum Scheitern verurteilt war. Mit diesem Mann hatte sie zwei Kinder, die jetzt bei ihm in Bangkok lebten. Ich fragte sie, ob es möglich wäre, ihren Ex-Mann und ihre beiden Jungs kennenzulernen. Sie bejahte und freute sich schon auf das Treffen mit ihren Kindern.

Sie hatte zwei Söhne, Narong, 18 Jahre alt, und Suthat, 13 Jahre alt. Narong arbeitete in der gleichen Firma wie sein Vater und Suthat ging noch zur Schule.

Die Ankunft am Suvarnabhumi Airport in Bangkok war ein aufregendes Erlebnis. Wir gingen die Laufbänder entlang und aus den Lautsprechern ertönten thailändische Anweisungen, die sich mit englischen Über-setzungen abwechselten. Da der gesamte Gebäudekomplex klimatisiert war, empfanden wir zunächst noch keinen Temperatur-unterschied. Dann kam der Moment, als wir das

Terminal durch eine automatische Karusselltür verließen. Im selben Augenblick überrollte uns das tropische Klima Thailands mit einem Hitzewall. Es herrschten 40 °C. Ich kam mir vor, als würde ich voll angezogen in einem Dampfbad stehen.

Der Suvarnabhumi Airport in Bangkok –
Suvarnabhumi bedeutet das Goldene Land.

Wir fuhren mit dem Taxi zu einem Hotel im Bezirk Huai Khwang, nordöstlich vom Stadtzentrum. Dort trafen wir uns mit einer Cousine von Gung.

Den Abend verbrachten wir gemeinsam in einem Restaurant in der Nähe des Hotels. Lilli forderte mich auf, mich zu betrinken. Da ich schon lange keinen mehr über den Durst getrunken hatte, war es nicht sonderlich schwierig, jenen Zustand zu erreichen. Den Grund hierfür erfuhr ich erst viel später: Lilli wollte dadurch feststellen, ob ich beim Trinken lustig oder aggressiv werde, denn Alkohol enthemmt und verstärkt die Grundhaltung.

Am nächsten Morgen erwachte ich mit einem schweren Kopf. Lilli und ich reisten mit dem Bus sehr zeitig nach Dong Kheng, dem Heimatort von Lillis Eltern.

Dong Kheng befindet sich im Nordosten des Landes, im Isaan. Der Isaan ist eines der faszinierendsten Reiseziele in Thailand. Kulturelle Highlights bilden die bedeutenden historischen Tempelanlagen, ein Erbe der großen Khmer-Reiche, mit ihren vielen archäologischen Artefakten.

Die Fahrt von Bangkok nach Dong Kheng dauerte etwa sechs bis sieben Stunden quer durch Thailand. Dort angekommen stellte mich Lilli ihrer Familie vor, in dessen Haus ihr Vater Chuchat, ihre Mutter Lek und ihr älterer Bruder Kob lebten. Man empfing mich sehr herzlich, jedoch mit einer vornehmen Zurückhaltung.

44

Natürlich hatte Lilli mein Erscheinen bereits telefonisch bei ihren Eltern angekündigt.

Das einfache Leben der Reisbauern und die Fröhlichkeit der Leute beeindruckten mich. Die Menschen schliefen im Haus am Betonboden nur auf einer Bambusunterlage. Für mich jedoch war ein Bettgestell aus Bambus vorbereitet worden. Dem »Farang« – so wurde ich genannt – war es nicht zuzumuten, auf dem Betonboden zu nächtigen.

Farang ist in Thailand der übliche Begriff für Ausländer mit heller Hautfarbe, wie Menschen aus Europa oder hellhäutige Amerikaner.

Nach dem zwölfstündigen Flug und dem feuchtfröhlichen Dinner in Bangkok hatte ich furchtbare Kopfschmerzen. Hinzu kam der Schlafentzug aufgrund der Zeitverschiebung von sechs Stunden, denn in Thailand gilt ganzjährig Indochina Time (ICT). Also zog ich mich auf mein Lager zurück, um mich dem pochenden Schmerz in meinem Kopf zu widmen. Lillis Mutter stellte zwei Ventilatoren vor mein Bettgestell, um mir etwas Erleichterung in dem heißen, stickigen Zimmer zu verschaffen.

Während ich so dalag, ereignete sich etwas sehr Ungewöhnliches. In relativ kurzen Abständen kamen Dorfbewohner ins Zimmer und begutachteten mich mit einem zaghaften Lächeln, um kurz danach wieder zu verschwinden. Manche fassten den Mut und traten näher an das Bettgestell heran, murmelten etwas auf Thai und zupften an meiner goldblonden Unterarmbehaarung herum

– ganz so, als hätten sie noch nie einen behaarten Menschen gesehen.

Nach einem dämmrigen Halbschlaf waren meine Kopfschmerzen etwas abgeklungen. Ich stand auf, trat hinaus ins Freie und konnte niemanden entdecken. Also machte ich mich auf den Weg, um das Dorf und die Umgebung zu erkunden.

Ich lief über die Felder und genoss den unverwechselbaren blumigen Duft nach Jasmin-Reis, der traditionell im Norden Thailands angebaut wird. Eine Reisbäuerin rief mir lächelnd zu: »Bai nai?« – Ich lächelte verlegen und freundlich zurück, denn ich verstand leider nicht, was sie mir sagen wollte. Erst viel später erfuhr ich, dass es übersetzt so viel wie »Wohin gehst du?« bedeutet. Es ist eine Begrüßungs-formel und eine freundlich gemeinte Geste.

Als ich dann allein und unbeobachtet war, überkam mich eine Traurigkeit, die ich schon lange nicht mehr gefühlt hatte, und ich fing an zu weinen. Die Tränen schossen mir aus den Augen und liefen meine Wangen hinunter, ohne dass ich etwas dagegen tun konnte. Dieser Zustand dauerte gefühlt eine Ewigkeit. Es war der Schmerz, der tief in mir verborgen lag. Seit dem Tod meiner Mutter fünf Jahre zuvor und den täglichen Auseinandersetzungen mit einer Borderline-Persönlichkeit hatte sich dieser Leidensdruck angestaut.

In der Ferne hörte ich das Knattern eines Motorrollers und bald darauf konnte ich ihn dann auch sehen.

46

Lilli saß auf dem Roller und schlängelte sich geschickt durch die Reisfelder. Sie sorgte sich um mein Wohlergehen und war offenbar auf der Suche nach mir. Doch sie war zu weit entfernt, um mich sehen zu können. Ich wollte nicht, dass sie mich in diesem Zustand vorfand, also verhielt ich mich still. Der Motorroller entfernte sich wieder und das Geräusch verebbte am Horizont.

Ich dachte zurück und mir fiel auf, dass es schon lange keinen Menschen mehr in meinem Leben gegeben hatte, der sich um mich sorgte. Das Zusammenleben mit einer Borderline-Persönlichkeit ist letztendlich eine Einbahnstraße, denn man entfernt sich schrittweise von seinen eigenen Bedürfnissen. Die häufigen Zornausbrüche kommen bei einer Borderline-Persönlichkeit meist ohne Vorwarnung und sind der jeweiligen Situation völlig unangemessen. Je lauter und wütender die Borderline-Persönlichkeit wird, desto ruhiger, umsichtiger und besänftigender muss dessen Partner sein.
Der Borderline-Zorn lässt sich nicht vernünftig lösen, daher sind Diskussionen und Debatten unnötig. Sie führen eher zu einer Verschlechterung der Situation.
Ich erinnerte mich an einen Zornausbruch meiner Noch-Ehefrau, der eines Nachts stattfand. Ich war kurz vor dem Einschlafen und ihre verbalen Attacken wollten einfach kein Ende nehmen. Also drehte ich mich zur Seite und steckte mir die Finger in die Ohren, um Schlaf zu finden. Am nächsten Morgen fragte sie mich, was wir

47

frühstücken wollten, so als wäre am vorherigen Abend nichts vorgefallen.

Nach einer Weile war ich dann doch bereit zur Rückkehr und machte mich auf den Weg durch die Reisfelder. Im Haus von Lillis Eltern angekommen freuten sich alle sehr über mein Erscheinen. Sie waren froh, dass ich unversehrt geblieben war.

Lillis Vater erzählte mir eine Geschichte aus seiner Jugend. Auf dem Nachhauseweg kreuzte einmal eine fünf Meter lange Kobra seinen Weg und griff ihn sofort an. Er lief davon, zog sein Hemd aus und warf es in Richtung der Schlange. Erst dann ließ sie von ihm ab. Vermutlich war er in die Nähe eines Nestes gekommen und die Königskobra wollte ihr Nest verteidigen. Dadurch verstand ich nun, weshalb Lilli sich Sorgen um mich gemacht hatte.

Nicht lange und es gab Abendbrot – oder besser gesagt: Abendreis. Obwohl es sehr früh dämmerte, war es immer noch genauso heiß wie am Tage. Alle saßen auf Bambusdecken in einem Bereich zwischen Wohnhaus und Küche. Die Küche befand sich in einem überdachten und eingezäunten Anbau, der im Abstand von circa fünf Metern parallel zum Wohnhaus lag.

Man setzte mich zu den Männern. Lilli nahm zuerst neben mir Platz und fütterte mich, indem sie mir kleine gebratene Hühnerstückchen mit Klebreis (Khao Niew) ummantelt in den Mund schob. Nach dem Essen wurde unter den Thai-Männern der Mekhong herumgereicht, ein thailändischer Whisky. Er ist benannt nach einem großen Fluss und wird aus Reis hergestellt. Dieses thailändische Nationalgetränk fehlt auf keiner Feier.

Ich musste als Erster ein Glas Whisky probieren und ein Urteil abgeben. Unter den kritischen Blicken der Thai-Männer stürzte ich das im Rachen brennende Zeug hinunter, ohne eine Miene zu verziehen. Mit anerkennendem Nicken und Lachen gossen sich jetzt auch die beisitzenden Männer ihre Gläser voll. Lillis Bruder war sichtlich angetan, er musste sich meiner nicht schämen. Sofort war mein leeres Glas wieder gefüllt und ich wusste sofort: Das Spiel beginnt. Ohne ein Wort zu verstehen, begriff ich, worum es ging: Nur wer viel saufen konnte, war ein Mann.

Lilli saß inzwischen mitten unter den Frauen und hatte natürlich viel zu erzählen. Immer wieder trafen sich unsere Blicke und sie lächelte mir zu. Generell trank ich wenig Alkohol und war somit nicht so geübt wie meine thailändische Gesellschaft. Also griff ich zu einem uralten Trick: Ich aß sehr viel fettes Schweinefleisch, das als gegrillter Snack vor uns auf einem Teller aufgebahrt lag. Das Fett darin wirkt wie ein Puffer gegen den Alkohol und der Körper nimmt diesen langsamer auf.

Die Fleischstückchen wurden mit der Hand oder mit zwei Stäbchen gegessen. Das Essen mit Stäbchen funktioniert folgendermaßen: Man nimmt das erste Stäbchen zwischen Mittelfinger und Daumenansatz. Dieses Stäbchen bildet den

49

Fixpunkt – es sollte sich also nicht bewegen. Dann greift man das zweite Stäbchen mit Zeigefinger und Daumen. Dies ist das Stäbchen, das sich bewegt. Nun übt man das Öffnen und Schließen der Stäbchen und beginnt mit der Aufnahme des Essens.

Gemeinsames Abendessen im Haus von Lillis Eltern

50

Mit zunehmendem Alkoholgenuss wurde diese Prozedur immer schwieriger. So entschloss ich mich, nur noch mit den Fingern zu essen. Es war eine sehr angeregte Unterhaltung im Gange und die beteiligten Thai-Männer redeten ununterbrochen auf mich ein. Ich konnte ihnen nur ein Lächeln als Antwort anbieten, denn ich verstand kein Wort. Nach einer gewissen Zeit waren dann alle sehr betrunken und torkelten herum. Dank meines vorangegangenen Fettkonsums hatte ich die Feuertaufe mit Bravour bestanden. Ich bekam sehr viel Zuspruch von den Anwesenden – mit nach oben gestrecktem Daumen, wie bei den Römern in der Antike, die mit dieser Geste über Leben und Tod entschieden hatten.

Am nächsten Morgen wurde ich mit dem ersten Hahnenschrei geweckt. Lilli und ihre Mutter bereiteten schon seit geraumer Zeit das Essen für den Gang zum Tempel zu. Buddhistische Mönche erhalten von den Gläubigen jeden Morgen Nahrungsmittel als Spende. Das ist ihr einziges Essen für den jeweiligen Tag, denn die Mönche dürfen nach 12 Uhr keine Speisen mehr zu sich nehmen. Die Thailänder praktizieren mit dieser Essensspende »Tham bun«, was so viel bedeutet wie »Verdienste tun«.

Der Weg zum Tempel führte uns an diversen Häusern von befreundeten Familien vorbei und ich wurde überall herzlich als »Farang« begrüßt. Lilli nahm mich an der Hand, obwohl diese Geste zwischen zwei Liebenden in Thailand verpönt ist. Mir wurde das erst viel später bewusst. Das

Gesicht zu verlieren ist in Thailand eine Katastrophe und kulturell bedingt sehr unangenehm für die betreffende Person. Jeder Thailänder ist in der Regel darauf bedacht, sein Gesicht zu wahren. Als wir endlich am Tempel ankamen, hatte sich die Ankunft des »Farangs« im Dorf bereits herumgesprochen. Dementsprechend viele Leute warteten bereits auf uns.

Die buddhistische Tempelanlage, auch »Wat« genannt, bestand aus mehreren Gebäuden. Wir betraten den »Wihan« – einen eingeschossigen Bau in Skelettbauweise, der als gemeinsame Versammlungshalle der Ordensmitglieder und Laien diente. Hier wurden festgeschriebene Zeremonien abgehalten, an denen Laien teilnehmen durften. Den Versammlungsraum erreichten wir über eine Treppe. An den Decken hingen Ventilatoren, die für Kühlung sorgten.
Ich wurde mit freundlicher Zurückhaltung empfangen. Wir schlossen uns einer Reihe von Leuten an, die sich mit dem mitgebrachten Reis vor einem Tisch anstellten. Darauf stand ein großes Gefäß, ähnlich einer überdimensionalen Vase. Die Spendenden hielten den Reis in ihrer Hand etwas nach oben und rezitierten dabei Sutra, um danach den Reis in das Gefäß zu geben. Das Sanskrit-Wort »Sutra« bezeichnet einen kurzen, durch seine Versform einprägsamen Lehrsatz im Theravada-Buddhismus, ähnlich den ursprünglich lateinischen Gebeten und Gesängen in evangelischen Gottesdiensten.

Wat Dong Kheng im Nordosten von Thailand

Lilli deutete auf meine Hand, die ich bei der Opfergabe an ihren Ellbogen halten sollte. Danach nahmen wir beide mit abgewinkelten Beinen direkt vor dem Podium Platz, auf dem die Mönche erhöht saßen.

Der Abt, der die Zeremonie leitete, hatte eine sehr außergewöhnliche Aura. Er sah mich mit freundlichen, undurchdringlichen Augen an und sagte etwas auf Thailändisch zu mir. Lilli übersetzte mir seine Worte: »Ihr beide habt bereits in vergangenen Leben eine gemeinsame Partnerschaft geführt.«

Ein kalter Schauer lief mir über den Rücken, denn genau das hatte ich schon seit Längerem gefühlt. Lilli war mir so vertraut, als würde ich sie schon mein ganzes Leben kennen. Wir mussten uns nur ansehen und schon wussten wir, was der jeweils andere wollte oder fühlte. Diese Vertrautheit und enge Verbundenheit hatte ich bisher bei keinem anderen Menschen empfunden. Als Geschenk überreichte mir der Abt ein sehr wertvolles buddhistisches Amulett, das er mir über den Kopf streifte.

Erst viel später erfuhr ich, dass dieser Abt namens Luang Pho Lai der Ziehvater von Lilli war. Er legte sehr viel Wert darauf, den Buddhismus nicht nur im Tempel zu praktizieren, sondern auch im täglichen Leben und in der Gesellschaft.

Ich erinnerte mich an den Film »Auf der Suche nach dem goldenen Kind« mit Eddie Murphy.

Buddhistische Zeremonie zur Erinnerung an den
Erwachten und an seine Lehre.

Der Protagonist dieses Films erfuhr auch erst
später, dass der buddhistische Abt der Vater
seiner Partnerin Kee Nang war.

Nach dem Gespräch mit dem Abt nahmen wir im
rückwärtigen Raum zwischen den anderen
Gläubigen Platz. Am Ende der Zeremonie –
»Messe«, wie es in der katholischen Kirche
heißt – erhielten wir den Segen, besser gesagt:
eine Dusche mit »Weihwasser«. Im Anschluss
daran kamen die Leute auf uns zu und banden
uns weiße Schnüre um das Handgelenk.
Dabei murmelten sie Beschwörungsformeln in
thailändischer Sprache. Später wurde mir
erläutert, dass diese Geste Glück, Gesundheit,
Vermögen und ein langes Leben bringen sollte.
Mein Unterarm war danach bis zur Hälfte mit
weißen Schnüren bedeckt und man sagte mir, ich
dürfe sie in den nächsten Tagen nicht abnehmen.
Auf dem Heimweg gingen wir einträchtig und
still nebeneinander her, wie in einem meditativen
Zustand, ohne Worte und Gedanken.
Zu Hause angekommen sah ich einen Kalender
an der Wand hängen, auf dem die Jahreszahl
2550 prangte. So erfuhr ich, dass in Thailand die
alternative buddhistische Zeitrechnung
vorherrscht. Sie setzt das Jahr des Parinirvana
des Buddha, 543 v. Chr., als Jahr 0. Somit
entspricht das Jahr 2007 in der buddhistischen
Zeitrechnung dem Jahr 2550 B.E.
Den weiteren Tag verbrachten wir mit
gemeinsamem Essen und Besuchen bei
Verwandten und Freunden. Zuerst fuhren wir in

ein nahe gelegenes Dorf, in dem die väterliche Verwandtschaft von Papa Chuchat wohnte. Dort bekam ich als besonderen Leckerbissen einen noch lebenden, dicken Mehlwurm offeriert. Da ich nicht unhöflich sein wollte und die Gepflogenheiten nicht kannte, nahm ich dieses Angebot mit einem Lächeln dankend an. Ich bat Lilli um ein Glas Reisschnaps, damit ich den Mehlwurm in einem Zug mit dem Schnaps hinunterschlucken konnte. Den Gastgebern gefiel mein Verhalten so sehr, dass sie mir gleich den nächsten Mehlwurm anboten. Doch diesmal lehnte ich freundlich ab und betonte mit einem Streichen über meinen Bauch, dass es schon genug wäre.

Danach fuhren wir in ein weiteres Dorf, das in der Nähe lag, und besuchten das ehemalige Kindermädchen von Lillis Sohn Narong, der inzwischen bereits 18 Jahre alt war. Sie bot mir eine besondere Spezialität an: fermentierte Eier. Die Enteneier werden mit einer Komposition aus Kalk, Asche, Limettensaft, Reisspelzen, Blättern sowie Wasser und Salz ummantelt und in einem Tongefäß bis zu 100 Tage in einem Erdloch vergraben. Nach der Fermentation sind sie zum Verzehr bereit. Entfernt man die Schale, dann denkt man beim ersten Hinsehen, es handelt sich um schwarze Eier, denn jetzt ist der Dotter nicht mehr gelb, sondern grünlich schwarz. Das Eiweiß ist nun bernsteinfarben und hat die Konsistenz von Gelatine. Es riecht etwas nach Ammoniak.

Diesmal konnte ich mich nicht überwinden und lehnte das Ei dankend ab. Ich bat Lilli zu übersetzen, dass ich aufgrund der Reise Probleme mit meinem Darm hätte und im Moment leider nichts zu mir nehmen könne.

Am nächsten Morgen brachte uns Lillis Cousin – mir kam es so vor, als wären alle im Dorf irgendwie miteinander verwandt – mit seinem Pick-up zum nächstgelegenen Busbahnhof nach Mueang Pon. Von dort aus traten wir die Rückreise nach Bangkok an.

In unserem Bus erklang lautstark thailändische Musik, vorzugsweise aus dem Isaan. Die traditionelle Volksmusik von Isaan ist der »Mor Lam«. Neben einigen lokalen Varianten existieren davon auch moderne Spielarten, die seit den 1970ern nach Bangkok gelangt sind. Aus Isaan zugezogene Arbeitskräfte hatten sie mitgebracht. Zentral bei dieser Volksmusik ist die Khaen, ein charakteristisches Melodie-instrument und das musikalische National-symbol der Isaan-Region. Es ist ein Durchschlag-zungeninstrument, dessen Pfeifen mit einem kleinen hölzernen Reservoir verbunden sind, in das Luft geblasen wird.

Ich hing meinen Gedanken nach, denn eine Unterhaltung war bei diesem »Lärm« kaum möglich, bis wir endlich den Busbahnhof in Bangkok erreichten. Von dort ging es mit dem Taxi in das Ratchada City Hotel, wo wir uns mit unseren Reisebegleitern Kevin und Gung trafen, die während unserer Abwesenheit in Bangkok geblieben waren. Lilli hatte für uns ein schönes und sauberes Zimmer reserviert. Das Hotel lag in der Gegend Ratchadaphisek, in einem Geschäftsviertel in der Nähe der U-Bahn-Station Huai Khwang. Es hatte einen riesigen Pool auf der Dachterrasse und ich konnte endlich meinen völlig überhitzten Körper abkühlen, indem ich in das frische Nass hineintauchte.

Nach dieser Erfrischung kam es zu einer ersten Unstimmigkeit zwischen Kevin und mir. Er wollte mit uns am nächsten Morgen zeitig das Hotel verlassen und nach Aranyaprathet fahren, um die Familie von Gung zu besuchen. Das hätte zur Folge gehabt, dass ich wieder circa sechs Stunden im Bus sitzen müsste, um die Entfernung von 255 km zurückzulegen. Also erklärte ich ihm, dass ich jetzt seit vier Tagen nur unterwegs war und ca. 9.600 km hinter mir lagen, weshalb ich einen Tag Ruhepause einlegen wollte. Er hatte kein Verständnis für mich und wurde wütend. Ich sagte ihm: »Fahrt ohne mich nach Aranyaprathet und lasst mich alleine hier in Bangkok zurück.« Doch das wollte Lilli nicht und vermittelte zwischen den Parteien. Daraufhin beschlossen wir, erst am übernächsten Tag zu Gungs Familie zu fahren. Jedenfalls erfuhr ich dadurch mehr über den Charakter meines »guten Freundes« Kevin.

Den Pausentag nutzte ich, um alleine in Bangkok umherzuziehen. Ich benötigte etwas Zeit für mich, um mir über meine Gefühle für Lilli und die damit verbundenen Konsequenzen klar zu werden. Am darauffolgenden Tag fuhren wir dann los, immer noch mit einer gewissen Verstimmung im Gepäck.

Aranyaprathet liegt nur 6 km von der Grenze zu Kambodscha entfernt. Hier befindet sich der riesige Rong Kluea Market. Auf der kambodschanischen Seite der Grenze liegt die Stadt Poipet. Kambodschaner überqueren die Grenze täglich mit Schubkarren und Rollern samt Beiwagen, die mit Produkten beladen sind. Einen bedeutenden Teil des Handels macht Second-Hand-Kleidung aus. Auf der kambodschanischen Seite gibt es Casinos, die von vielen Thailändern besucht werden, da Glücksspiel in Thailand verboten ist. Spezielle kostenlose Busse verkehren zwischen Bangkok und diesen Casinos. Kambodschaner selbst dürfen in den Grenzcasinos nicht spielen.

In Aranyaprathet angekommen musste ich dringend mein Geschäft verrichten. Ich sah mir die Toilette im Haus unserer Gastgeber an und stellte mit Schrecken fest, dass es kein Papier gab. Wie überall in Thailand war die Schüssel flach und im Boden versenkt. Man musste sich auf links und rechts angebrachte, dafür vorgesehene Verbreiterungen stellen und in die Hocke gehen. In dieser für Europäer ungewöhnlichen Hockposition verrichtete man dann sein Geschäft. Zum Säubern des Darmausgangs wird die linke Hand benutzt, in dem man das dafür erforderliche Wasser aus einem in der rechten Hand befindlichen Gefäß schöpft.
Das wollte ich mir nicht antun, also begab ich mich allein in ein Restaurant an der Straße, das sich in unmittelbarer Nähe unserer Gastfamilie

befand. Von meinem Vorhaben erzählte ich niemandem, denn ich wollte hierüber keine Diskussionen auslösen.

Im Restaurant bestellte ich erst alibihalber etwas zu trinken, um mich dann meinem Geschäft zu widmen. Ich begab mich zur Toilette und musste feststellen, dass es sich auch hier um eine Hocktoilette handelte. Zu meiner großen Freude gab es aber das zugehörige Toilettenpapier.

Nach geraumer Zeit war ich fertig und ging zur Theke zurück. Dort traf ich den Fahrer des Kleinbusses an, der uns von Bangkok hierhergebracht hatte. Er erklärte mir, dass Lilli sich um mich sorgte und ihn darum gebeten hatte, mich zu suchen. Dieses Gefühl, dass es einen Menschen gab, der sich um einen sorgte, tat einfach gut. Zusammen gingen wir zurück zum Anwesen der Eltern von Gung.

Dort angekommen hörte ich jemanden nach mir rufen. Ich erkannte an der Stimme, dass es sich um Kevin handeln musste. Also begab ich mich in die Richtung, aus der der Hilferuf kam.

Ich betrat die Toilette und traute meinen Augen nicht. Kevin stand vor mir, beide Hände nach oben gestreckt, und rief mir zu: »Scheiße!« Sein Ausruf war tatsächlich wörtlich zu nehmen, denn er hatte beide Hände voll mit Kot.

Irgendwie hatte er beim Versuch, sich zu reinigen, die Hände durcheinandergebracht. Er hätte wohl besser vorher die Betriebsanleitung gelesen. Eine gewisse Schadenfreude konnte ich mir nicht verkneifen.

Thailändische Toilette

Am nächsten Tag fuhren wir zu dem bereits erwähnten Rong Kluea Market. Mir fiel auf, dass auf allen öffentlichen Plätzen oder an Fußgängerbrücken die überdimensionalen Porträts von Königin Sirikit und König Bhumibol angebracht oder aufgestellt waren.

Die thailändische Königsfamilie genießt große Hochachtung in der Bevölkerung und man findet solche Bildnisse praktisch in jedem Haushalt. Diese starke Verehrung kommt in der Regel von ganzem Herzen. Zudem hängt neben jedem Grundstückszugang jeweils links und rechts die Nationalflagge Thailands, mit fünf waagerechten Streifen in Rot, Weiß, Blau, Weiß und Rot. Rot steht für die Nation, Weiß für die Religion und Blau für die Monarchie. Auch die Flagge des Königs ist überall zu sehen. Ihre Farbe ist Gelb, die Farbe für Montag, den Tag seiner Geburt. Sie hat ein Symbol in der Mitte.

In Thailand hat jeder Wochentag nicht nur eine eigene Farbe, sondern auch eine eigene Gottheit, einen eigenen Planeten und ein eigenes Element. Der Ursprung dieser Einteilung findet sich in der hinduistischen Mythologie. Im mehrheitlich buddhistischen Thailand werden den einzelnen Wochentagen, zusätzlich zu den Farben, Buddha-Statuen mit bestimmten Hand- und Körper-haltungen zugeordnet. Das Tragen der Tages-farbe soll in Thailand übrigens Glück bringen.

Porträt von König Bhumibol.

Der rote Sonntag: Die Sonnengottheit Surya reitet auf einem von Löwen gezogenen Streitwagen. Die Sonne wird mit dem Element Feuer in Verbindung gebracht, welches wiederum für die Farbe Rot steht.

Der gelbe Montag: Die Mondgottheit Chandra reitet auf einem von zehn jasminfarbenen Pferden gezogenen dreirädrigen Wagen. Sein Element ist die Erde.

Der rosafarbene Dienstag: Die Gottheit Mangala, die für den Mars steht, reitet auf einem Wasser-büffel mit dem Namen Ram. Ihre Haut ist rosa und ihr Element der Wind.

Der grüne Mittwoch: Budha Gayatri Mantra, der für den Merkur steht, reitet auf einem Elefanten. Seine Haut ist smaragdgrün und sein Element das Wasser. Für Mittwochabend gibt es eine eigene Farbe: Schwarz.

Der orangefarbene Donnerstag: Brihaspati, der Kaplan der Gottheiten, reitet auf einem gezähmten Tiger. Sein Element ist die Erde.

Der blaue Freitag: Shukra, Gott der Liebe und des Friedens, der für die Venus steht, reitet auf einem Kamel. Sein Element ist das Wasser.

Der violette Samstag: Shani, der für den Saturn steht, reitet auf einer Krähe. Sein Element ist das Feuer.

Für all diejenigen, die nicht wissen, an welchem Tag sie geboren sind, gibt es noch eine zusätzliche Farbe, nämlich Weiß.

Außerdem ist in Thailand der Geisterglaube weit verbreitet. Wir bemerkten es bereits bei unserer Ankunft im Hause Innok – das ist der Familienname von Gung. Die Gastgeber führten uns als Erstes zum Hausaltar und stellten uns dem Ortsgeist vor. In Thailand will es die Sitte, dass ein Besucher zuerst den Ortsgeist und dann den Hausbesitzer begrüßt. Wenn der Gast über Nacht bleibt, sollte er dazu die Erlaubnis des Ortsgeistes einholen. Damit will man Alpträumen vorbeugen. Thais glauben, dass sich Geister auf die Brust der schlafenden Menschen setzen und dadurch Atembeschwerden bereiten und Alpträume hervorrufen.

Grundsätzlich lebt der Ortsgeist in Vollpension. Vormittags erhält er seine Tagesration an Obst, Reis und Tee, auch mal eine Flasche oder ein Glas Reisschnaps. Abends bekommt er frische Blumen und es werden Räucherstäbchen angezündet.

Nach unserer Rückkehr vom Markt wurde das Abendessen zubereitet. Unter anderem standen Frösche und Heuschrecken auf dem Speiseplan. Ich entschied mich für die Heuschrecken. Thais nehmen die Insekten gerne als Snacks zu sich, am liebsten zusammen mit einem Bier. Die exotischen Leckereien mit chitinhaltigem Panzer sind in Thailand längst fest etabliert. Entweder werden sie in einem Wok mit heißem Öl frittiert oder in Öl angebraten. Vor allem frittierte Heuschrecken sind vielerorts beliebt. Manche Verkäufer würzen die Insekten mit Salz und Thai-Chili oder sprühen etwas Sauce darauf, bevor sie den Snack in einer Tüte durchschütteln. Besonders beliebt sind aromatische Sojasaucen. Die stark gesalzenen und gewürzten Protein-Snacks dienen als ideale Zwischenmahlzeit bei einem kühlen Bier.

Da ich nicht recht wusste, wie man die Heuschrecken verzehrt, half Lilli mir dabei. Sie trennte die Beine, Fühler und Sprungbeine ab und schob mir den restlichen Körper in den Mund. Einen Schluck kühles Bier hinterher und es fühlte sich so an, als würde man Chips essen. Kevin konnte sich eine kleine Eifersüchtelei nicht verkneifen und teilte mir mit, dass nur ich exklusiv alles mundgerecht verabreicht bekommen würde.

Nach einer unruhigen Nacht – wahrscheinlich hatte ich dem Ortsgeist nicht genügend gedankt – traten wir unsere Rückreise nach Bangkok an.

Dort angekommen besuchten wir einen Obstmarkt und ich kam aus dem Staunen und Probieren nicht mehr heraus. Thailand ist ein wahres Fruchtparadies und bietet eine große Auswahl an leckeren tropischen Früchten. Ich möchte an dieser Stelle nur eine kleine Auswahl an Früchten nennen:

Die Mango ist eindeutig eine der beliebtesten und bekanntesten Früchte Thailands. Eine reife Mango ist unglaublich süß und saftig. Sie ist so weich und zart, dass sie fast im Mund schmilzt.

Die Papaya zählt sicherlich auch zu den beliebtesten Früchten in Thailand – und das nicht unbedingt deshalb, weil ihr Fruchtfleisch so schön weich, süß und saftig ist. Sie ist Hauptbestandteil des allseits beliebten Papaya-Salats (Som Tam), ein Nationalgericht aus dem Nordosten Thailands.

Obstmarkt in Bangkok.

68

Die Durian wird oft »König der Früchte« genannt und die Asiaten sind verrückt nach ihr. Sie zählt zu den größten Früchten der Welt und ist gleichzeitig wahrscheinlich die teuerste Frucht, die in Thailand erhältlich ist.

Auch die Jackfrucht ist, ähnlich wie die Durian, sehr groß. Unter der äußeren Schale liegen viele kleine gelbe Früchte, die essbar sind und wiederum einen Samen umhüllen. Auch die Samen sind zum Verzehr geeignet und bilden gekocht einen leckeren, nussartigen Snack. Sie erinnern sehr an Kastanien.

Neben dem »König« gibt es auch eine »Königin der Früchte«: die Mangostane. Obwohl der Name es vermuten ließe, hat sie nichts mit Mangos gemeinsam. Ihr Geschmack ist nicht allzu süß, sondern eher leicht säuerlich und trotzdem sehr lecker. Es ist schwer, mit dem Essen aufzuhören. Man sagt der Mangostane übrigens nach, dass sie die Körpertemperatur senkt und somit gut bei Fieber ist.

Die Drachenfrucht fällt durch ihre leuchtende Farbe schon von Weitem auf. Daher ist sie kaum mit einer anderen thailändischen Frucht zu verwechseln. Die wenigsten wissen, dass sie auf einem Kaktus wächst. Die eiförmige, »haarige« Frucht ist in vielen Ländern Südostasiens sehr beliebt. Im Inneren befindet sich weißes Fruchtfleisch (mit Kern), das sehr gesund ist. Es enthält Eisen, Kohlenhydrate, Kalzium, Magnesium, Natrium, Proteine, Zink und diverse Vitamine.

Ich könnte noch zig weitere Früchte vorstellen. Doch ich denke, dies genügt, um meiner Begeisterung für diesen Obstmarkt Rechnung zu tragen.

Dieses Mal hatte Lilli Zimmer im Hotel Rex Bangkok gebucht, einem Drei-Sterne-Hotel mit Swimmingpool, das im Zentrum von Bangkok nahe der BTS-Station Thong Lo liegt.

Am nächsten Tag besuchten wir die Thai-German Meat Product Company Limited (TGM) in der Sathupradit Road. Dort arbeitete Lillis Ex-Ehemann. Lilli wollte ihn mir vorstellen, so wie wir es vereinbart hatten. Die Supervisorin der Firma war Lillis Tante Ba Gun, so war ein Treffen während der Arbeitszeit kein Problem. Die beiden hatten sich natürlich viel zu sagen und plauderten unentwegt, während ich auf das Eintreffen von Lillis Ex-Ehemann wartete.

Als er kam, wirkte er sehr eingeschüchtert und wir tauschten ein paar Höflichkeiten unter-einander aus. Ich dachte mir so für mich, dass er ein eher unterwürfiger Mensch ist, der bei vermeintlich Schwächeren oder Hilflosen seine Ängste kompensiert. Jedenfalls verstand ich sofort, dass diese von den Eltern vereinbarte Eheschließung keine Zukunft haben konnte. Der Charakter von Lilli passte so gar nicht zu diesem Mann. Ich war sehr dankbar für dieses Zusammentreffen, denn so konnte ich mir ein genaueres Bild machen, um nicht wieder in eine Beziehung hineinzustolpern, die von vornherein zum Scheitern verurteilt war.

Nach diesem Treffen besuchten wir das Raintree Spa in der Soi Sukhumvit 11. Dort hatte Lilli früher einmal gearbeitet und der Manager freute sich sehr über ihren Besuch. Wir führten mit ihm ein Gespräch über Thai-Massagen in Europa. Er zeigte reges Interesse an einer Geschäftsbeziehung, sollten wir in Deutschland ein oder mehrere Geschäfte eröffnen wollen. Er gab mir seine Visitenkarte und erklärte mir, dass ich ihn jederzeit kontaktieren könne. Natürlich gönnten wir uns auch eine neunzigminütige klassische Thai-Massage und ich war wieder sehr begeistert von der wohltuenden Wirkung der Massage.

Am Abend trafen wir uns mit Ba Gun und ihrer Schwester Wan zum gemeinsamen Dinner in einem Streetfood Restaurant. Bangkok wird allgemein als Stadt mit einem der besten Streetfood-Angebote der Welt gepriesen. Neben unzähligen Varianten der thailändischen Küche wiederholen sich an den Straßenküchen bestimmte Gerichte. Klassische Streetfood-Speisen wären zum Beispiel Guay Teow (Nudelsuppe) oder Som Tam (Papaya Salat), das Lieblingsessen der Thais aus dem Isaan, das ursprünglich aus Laos stammt. Die Grundlage besteht aus gehäckselten grünen Papayas, Chilis, Knoblauch, Bohnen, Tomaten, Limejuice, Fischsauce, Erdnüsse und manchmal zerkleinerten Flusskrabben. Das Ganze wird im Mörser zerrieben.
Zum klassischen Streetfood zählen ebenfalls Pad Thai, ein originäres thailändisches National-

gericht, sowie Khao Man Gai (Chicken-Rice). Letzteres besteht aus gekochtem Huhn über Reis und ist mit Gurkenscheiben und frischem Koriander garniert. Dazu gibt es eine Sojasauce mit Chili, Ingwer, Knoblauch und Essig sowie eine klare Hühnersuppe.

Pad See Ew ist ein Gericht aus flachen Nudeln, mit Fleisch, Sojasauce, Brokkoli und Kraut. Es gehört zu den wenigen Speisen, die nicht scharf gwürzt sind, ist also perfekt für diejenigen, die die Schärfe nicht mögen oder vertragen.

Kao Moo Dang ist ein kantonesisch inspiriertes Gericht: Reis wird mit gegrilltem rotem Schweinefleisch und süßer Chiang-Wurst belegt, dazu gibt es ein halbes Ei. Übergossen wird das Ganze mit einer süßlichen Sauce. Eine klare Suppe rundet das Mahl ab.

Ein Gesprächsthema beim Abendessen mit Ba Gun und Wan war die Verkuppelung von Wan mit einem Europäer. Die beiden Frauen erklärten mir, dass ein thailändischer Mann wie ein »Butterfly« sei – ein Schmetterling, der von Blüte zu Blüte fliegt.

Thailändische Männer verließen ihre Ehefrauen häufig schon in frühen Jahren, und die Frauen müssten plötzlich für die restliche Familie mit einem oder mehreren Kindern aufkommen. Aus der Sicht vieler Thai-Frauen besitzt der »Farang« – der europäische Mann – einige grundlegend positive Eigenschaften im Gegensatz zu einheimischen Männern. Für einen Thailänder ist es fast undenkbar, im Haushalt mitzuhelfen. Die

Kinder und der Haushalt bleiben einzig und alleine Sache der Frau. Thailändische Männer gelten bei ihren eigenen Frauen als unzuverlässig und nicht treu. Darüber hinaus sind sie dem Alkohol oftmals sehr zugetan.

Im Unterschied dazu verlieren die Europäer schon beim Anblick einer thailändischen Frau – bei den ersten Worten, bei den ersten Berührungen – den Verstand. Klassischerweise ist die Auserwählte eines Europäers schlank, bildschön und zärtlich. Sie umsorgt ihn, wo es nur geht, und der Mann fühlt sich als König. Ihm ist zwar bewusst, dass sein Aussehen und sein Alter möglicherweise nicht ganz dem Ideal entsprechen, aber da ist dann noch das Geld, das etwas lockerer sitzt, um der Schönheit zu imponieren.

Jedenfalls erklärte ich den Beteiligten, dass ich niemanden wüsste, der für eine Beziehung mit Wan infrage käme. Damit endete die Diskussion und man widmete sich anderen Themen. Lilli erzählte den beiden Frauen dann aber noch, dass sie mit mir den »Jackpot« ihres Lebens gezogen hätte.

Der nächste Tag führte uns in die Watpo Thai Traditional Medical and Massage School – zweifellos das berühmteste thailändische Institut für traditionelle Medizin. Die Schule ist eng mit dem Tempel Wat Pho verbunden und befindet sich im alten Zentrum von Bangkok, in der Nähe des Tempelgeländes. Lilli hatte unter anderem hier einen Teil ihrer Ausbildung genossen.

Zu Beginn der Rattanakosin-Periode (1782–1932) befahl König Rama III., das gesamte Wissen über die thailändische Medizin im Königreich zu sammeln und auf Steintafeln zu gravieren, die bis heute den Tempel Wat Pho schmücken. Auch das Wissen über die Thai-Massage ist darauf festgehalten, da ein besonderer Schwerpunkt auf die traditionelle thailändische Heilkunst gelegt wurde.

Natürlich besuchten wir im Anschluss auch den Tempel Wat Pho. Er ist der älteste von mehr als 400 Tempeln, die es in Bangkok gibt, und nicht nur deshalb ein besonders reizvolles Ziel. Wat Pho beherbergt eine gigantische liegende Buddha-Statue, die weit über Bangkok hinaus berühmt ist und zahlreiche Ansichtskarten schmückt.

Dieser liegende Buddha ist zwar nicht der größte seiner Art in Thailand, dafür aber in jedem Fall der bekannteste. Nur vor Ort lassen sich die Dimensionen der 46 m langen und 15 m hohen Statue wirklich nachvollziehen. Darüber hinaus ist die gesamte Figur vergoldet, wodurch der liegende Buddha noch eindrucksvoller wirkt, wenn man vor ihm steht.

Nach der Besichtigungstour war mein Hemd völlig nassgeschwitzt und ich bat Lilli darum, mir ein neues T-Shirt zu kaufen. Sie brachte mir ein gelbes Polohemd mit dem Wappen seiner Majestät König Bhumibol Adulyadej (Rama IX.) darauf. Lilli nannte dieses T-Shirt »Rak Pho«, was so viel wie »Den Vater lieben« bedeutet. Ich sah

Die Straßen von Bangkok.

Wir nahmen die Herausforderung an. Als der häusliche Vorrat aufgebraucht war, ging er in die nächste »7-Eleven«-Filiale. Der Shop ist ideal, um sich mit dem Nötigsten für den täglichen Bedarf einzudecken. Die ca. 10.000 »7-Eleven«-Geschäfte in ganz Thailand sind 24 Stunden geöffnet, voll klimatisiert und bieten ein umfangreiches Sortiment an Getränken, Zigaretten, frischen Snacks, Zeitungen, Hygieneartikeln und mehr. Die Preise unterscheiden sich kaum von denen im Supermarkt. Lange braucht man nach einer »7-Eleven«-Filiale nicht zu suchen, denn es gibt sie an jeder Tankstelle und in allen größeren Städten. Sie sind ideal für den kleinen und schnellen Einkauf.

Das Resultat der Wette bestand darin, dass Daen sturzbetrunken einsehen musste, wie aussichtslos ein Bier-Wettkampf gegen zwei gestandene Bayern für ihn war.

In der Nähe befand sich eine große Shopping-Mall und Lilli wollte dort noch ein Acer-Notebook kaufen. Daen ließ sich nicht davon abhalten, uns mit dem Wagen dorthin zu fahren. Wir redeten alle ergebnislos auf ihn ein. Um einen Streit zu vermeiden, stimmten wir letztlich seinem Vorhaben zu. Da es nicht weit war und er die Schleichwege kannte, schätzten wir das Risiko eines Unfalls als ausreichend klein ein.

In der Mall angekommen drückte mir das Bier ordentlich auf die Blase, doch leider war die Herrentoilette versperrt. Also begab ich mich auf die Damentoilette, um meinen Druck loszuwerden. Die Reaktion ließ nicht lange auf sich warten: Zwei Frauen erblickten mich und liefen kreischend nach draußen.

Lilli konnte sie Gott sei Dank beruhigen, indem sie ihnen die Not-Situation schilderte.

Am nächsten Morgen packten wir die Koffer, denn der Tag der Abreise nach Deutschland war gekommen. Nach dem Frühstück hatten wir noch Zeit und wir nutzten die Gelegenheit, um den Wimanmek-Palast zu besuchen.

Das gänzlich aus Teakholz gefertigte Bauwerk befindet sich im Zentrum von Bangkok und diente früher als königliche Residenz. Mit seinen 81 Zimmern gilt der Palast als das weltwet größte Gebäude aus Teakholz. Der Palast wurde im Jahr 1893 auf Veranlassung von König Chulalongkorn auf der Insel Ko Sichang in der Provinz Chonburi erbaut. Im Jahr 1900 ließ Chulalongkorn das Gebäude an seinen heutigen Ort umsetzen. Seinerzeit war die Umgebung noch ländlich geprägt, weit entfernt vom alten Königspalast.

1982 fanden die 200-Jahr-Feiern anlässlich der Gründung von Bangkok als Hauptstadt von Siam statt. Zu diesem Anlass ließ Königin Sirikit das verfallene Gebäude rekonstruieren und renovieren. Die königlichen Gemächer im dritten Stockwerk wurden im Stile von König Chulalongkorn wiederhergestellt. Dabei wurde das Gebäude nach der traditionellen thailändischen Bauweise ohne Einsatz von Nägeln errichtet.

Eine geschlossene Veranda führt um das Äußere des Gebäudes herum, um als Filter gegen die direkte Sonneneinstrahlung sowie als Luftzirkulation zu dienen.

König Chulalongkorn war der erste thailändische König, der Europa besuchte. Er erwarb viele erlesene Werke der europäischen Kunst, darunter unter anderem eine Sammlung des russischen Juweliers Carl Faberge, die ebenfalls ausgestellt ist. Zudem kann man auch thailändisches Kunsthandwerk wie Silber-, Keramik- und Elfenbeinarbeiten sowie chinesisches Porzellan der Ming-Dynastie besichtigen. Unter den insgesamt 31 Ausstellungsräumen befinden sich unter anderem Schlafräume, ein Thronsaal und die Badezimmer, die die Atmosphäre der Vergangenheit widerspiegeln.

Nach der Besichtigung des Palasts fuhren wir zum Hotel zurück. Die Straßen von Bangkok waren wieder einmal verstopft und wir hatten Bedenken, ob wir rechtzeitig am Suvarnabhumi Airport ankommen würden. Kevin und Gung wollten kein Taxi nehmen, sie wollten lieber auf Gungs Cousine warten, die sie abholen sollte.
Wir entschieden uns dagegen für ein Taxi und somit fuhren wir getrennt zum Airport, wo wir uns später wieder trafen. Wir gaben unser Gepäck auf und ließen die Sicherheits- und Passkontrollen hinter uns. Daraufhin verkürzten wir uns die Wartezeit, indem wir uns über das hinter uns liegende Abenteuer unterhielten.

Der Wimanmek-Palast ist ein gänzlich aus Teakholz
gefertigtes Bauwerk.

Irgendwann erfolgte der Aufruf zum Boarding. Wir stellten uns in die Reihe und warteten. Eine gefühlte Ewigkeit erreichte uns der Hinweis, dass unser Flug aufgrund der schlechten Wetterlage gestrichen wurde. Völlig übermüdet wurden wir im Novotel Bangkok Suvarnabhumi Airport Hotel untergebracht, wo wir die Nacht verbingen mussten.

Am nächsten Morgen fuhren wir nach einem exzellenten Frühstück noch einmal in die Innenstadt Bangkoks, um uns mit Lillis Kindern zu treffen. Wir verbrachten ein paar schöne Stunden zusammen und kehrten schließlich zum Flughafen zurück.

Auf dem Heimflug nach München hatten wir einen fünfstündigen Zwischenstopp in Abu Dhabi. Völlig übermüdet saß ich auf meinem Sitzplatz im Flughafengebäude und starrte in die Runde. Dabei fiel mir ein Mann auf, der versuchte, heimlich an einem Flachmann zu nippen. Irgendwann registrierte er meinen Blick und wurde sofort ärgerlich. Ab diesem Moment vermied ich jeden weiteren Blickkontakt, doch es war schon zu spät. Er kam auf mich zu und beschimpfte mich, um dann schließlich in einem rückwärtigen Raum zu verschwinden.

Zurück in die Höhle des Löwen

Mein Onkel Eckhard erzählte mir, dass meine Noch-Ehefrau mich überall gesucht hatte. Sie war sogar bei der Ausländerbehörde vorstellig, um den zuständigen Beamten zu bitten, mich aus den Klauen dieser Thailänderin zu reißen. Sie erklärte den Beamten, dass ich nicht mehr normal sei, mein Verstand ausgeschaltet worden und ich dieser »niederträchtigen Person« vollkommen hörig wäre, ohne eigenen Willen.

Mich erinnerte dies stark an ihre eigene kubanische Eskapade – eine Projektion ihres eigenen Verhaltens sozusagen. In der Psychologie spricht man von einer Projektion, wenn wir anderen Menschen Eigenschaften, Schwächen oder Probleme zuschreiben, die wir selbst offen oder versteckt in uns tragen. Wenn wir projizieren, übertragen wir also unsere eigenen Themen, Ängste oder Sorgen auf andere. Das Gemeine dabei ist, dass wir es häufig selbst nicht bemerken. Man kann dies auch bezeichnen als: von sich auf andere schließen. Wer es zum Beispiel selbst nicht so genau mit der Wahrheit nimmt, der unterstellt anderen Menschen oft, dass sie nicht die Wahrheit sagten.

Die nächsten beiden Wochen zog ich mich zurück, um mir über meine Gefühle und meinen weiteren Lebensweg klar zu werden. Danach suchte ich Lilli im Thai-Massage-Studio auf, um ihr zu sagen, dass ich mit ihr zusammen ein neues Leben beginnen möchte. Sie freute sich so sehr, dass sie mich gar nicht mehr gehen lassen wollte. Durch ihren Arbeitsvertrag war sie noch zehn Monate gebunden, doch die Wucht der kommenden Ereignisse sollte sowieso alles äußerst gründlich auf den Kopf stellen.

Wir verbrachten zusammen ein freies Wochende in einem tschechischen Hotel mit Sauna, Hallenbad und sehr gutem Essen. Als wir den Frühstücksraum betraten, starrten uns die Gäste, die häufig aus Ostdeutschland kamen, mit unverhohlen missbilligendem Blick an. Doch im Schwall unserer Verliebtheit war es uns schlichtweg egal. Die Leute konnten sich ihre Gedanken machen, ob schlecht oder gut, es interessierte uns einfach nicht. Wir ignorierten die Blicke und genossen die Zweisamkeit.

Eines Morgens wollte mich mein Onkel Eckhard zur Arbeit abholen. Als ich die Treppe ins Erdgeschoss hinunterlief, lauerte mir meine Noch-Ehefrau auf. Ich schritt durch die Haustüre und ging durch den Vorraum zwischen Wohn-haus und Garage, da schubste sie mich mit vollem Borderline-Zorn gegen die grob verputzte Garagenwand. Ich erlitt eine kleine Fleischwunde am Oberarm, die sofort zu bluten begann. Jetzt erst glaubte mir mein Onkel, dass ich seit geraumer Zeit ihre Attacken zu erdulden hatte, denn sie machte bei mir nicht halt, sondern attackierte auch ihn. Er war schockiert darüber, welche Kraft so eine zierliche Person entfalten konnte.

Sie lief zurück in ihre Wohnung im Erdgeschoss, um die Polizei zu rufen. Doch dieses mal sollte ich mehr Glück haben. Lag es am Amulett von Abt Luang Pho Lai?

Der Polizist, der kurz darauf bei uns eintraf, war mein alter Schulfreund Hubert. Als er meinen blutenden Oberarm sah, konnte ich keine Antwort auf seinen fragenden Blick geben, denn meine Noch-Ehefrau war schneller. Sie erklärte ihm, dass ich gestolpert sei und mich dabei verletzt hätte. Doch mein Onkel Eckhard stellte sofort die Begebenheiten richtig.

Es dauerte nicht lange und Hubert hatte sich ein Urteil über die Situation gebildet. Dabei kam auch die freistehende Wohnung in unserem Mietshaus zur Sprache. Hubert fragte meine Noch-Ehefrau, ob es nicht besser wäre, wenn sie in diese Wohnung einziehen würde. Erstaunlicherweise hörte sie auf die autoritäre Anordnung durch meinen Jugendfreund Hubert. Dieser gab ihr für den Umzug eine Woche Zeit.

Ich traute meinen Augen nicht, als ich nach der Arbeit nach Hause kam: Der Umzug war schon in vollem Gange. Sie hatte einen alten Freund namens Helmut engagiert, um ihr zu helfen. Helmut war ein sehr gutmütiger Zeitgenosse. Er war bereits am Demontieren von diversen Möbelstücken und sie am Einpacken von Koffern und Schachteln. Da die Wohnungstüre sperrangelweit offen stand, konnte ich das Geschehen gut verfolgen.

Dem Himmel sei Dank

An einem der folgenden Tage rief mich unsere Nachbarin Paula auf der Arbeit an. Sie war eine alte Freundin meiner Mutter. Paula erzählte mir, dass ein riesiger Möbelwagen vor unserem Eigenheim stand und meine Noch-Ehefrau das ganze Haus ausräumen ließ. Ich beruhigte sie, indem ich ihr erklärte, dass es mir egal sei, wenn sie alles mitnähme. Jedes einzelne Stück würde mich nur an diese teilweise sehr unschöne Zeit erinnern und ich mochte jetzt sowieso einen Neuanfang wagen.

Zu Hause fand ich eine komplett leere Wohnung vor, selbst die Einbauküche war nicht mehr vorhanden. Während ich meinen Gedanken nachhing, kam Helmut herein und entschuldigte sich bei mir. Er müsse noch die Leuchten in den einzelnen Zimmern demontieren und mitnehmen. Als er fertig war, übergab er mir die Schlüssel, die sich im Besitz meiner Noch-Ehefrau befanden, und verabschiedete sich.

Ich war nicht traurig, im Gegenteil. Erleichtert sandte ich einen Dank für die Hilfe nach oben in den Himmel zu meiner toten Mutter; auch um ihr zu signalisieren, dass ich an sie glaubte.

Es war nun an der Zeit, die Schlösser zum Haus zu wechseln, um den Neuanfang zu besiegeln. Ich ließ auch einen Schlüssel für Lilli anfertigen, denn jetzt konnte sie mich endlich zu Hause besuchen.

Den ersten gemeinsamen Abend bei mir feierten wir im Biergarten von Alois. Dort probierte Lilli ihr erstes Weißbier. Spritzig, erfrischend und fruchtig soll es schmecken. Nicht ohne Grund ist die obergärige Bierspezialität weit über den Weißwurstäquator hinaus beliebt. An diesem Abend entstand eine Freundschaft fürs Leben – Lilli und das Weißbier.

In der nächsten Zeit unternahmen wir Ausflüge zu einem Stausee. Beim Picknick und beim Schwimmen schmiedeten wir Pläne für unsere Zukunft. Außerdem erkundeten wir das Naturschutzgebiet Soos in Tschechien, das sich etwa sechs Kilometer südöstlich von Franzensbad ausbreitet. Es befand sich auf den Resten eines einstigen Salzsees, der sich im Laufe der Jahrhunderte in ein Hochmoor mit mächtigen Kieselgurablagerungen (Mineralsalzen) verwandelt hatte.

Das Naturreservat beherbergte außergewöhnliche Biotope und die mit ihnen verbundenen Lebewesen und Pflanzen. Zudem waren dort auch Reste vulkanischer Tätigkeit zu beobachten, namentlich Mofetten – schlammige Kohlendioxidaustritte oder auch Mineralquellen. Durch das Reservat führte ein Lehrpfad, der die geologischen, botanischen und zoologischen Gegebenheiten dieser Lokalität erklärte. Des Weiteren gab es einen Geopark, ein Museum mit naturwissenschaftlicher und paläontologischer Ausstellung, eine Präsentation prähistorischer Echsen in Lebensgröße und die Ausstellung »Vogelwelt des Egerlandes«.

Lilli betrachtete einen Vogel im Käfig und sagte zu mir, das sie sich im Moment genauso fühle wie er. Ihre Worte machten mich sehr nachdenklich und ich erwiderte, dass wir nur ein wenig Geduld haben müssten.

Ich holte Lilli jetzt jeden Abend nach der Arbeit in Tschechien ab, damit sie die Nacht bei mir verbringen konnte, denn in ihrer Unterkunft musste sie ein Zimmer mit zwei weiteren Personen teilen. Manchmal saßen wir am Fenster und betrachteten den Mond und die Sterne und erzählten uns von unserer Vergangenheit. Auch mit wenig Schlaf waren wir am Morgen danach meistens nicht müde.

Verliebte sind höchst unternehmensfreudig. Sie haben plötzlich Lust, neue Dinge zu entdecken und stecken voller Tatendrang. Sie besitzen enorme Energie und haben Freude an körperlicher Betätigung. Außerdem sind sie viel spontaner und legen auch mehr Selbstbewusstsein an den Tag.

Lilli verbrachte immer mehr Zeit bei mir in Deutschland, was ihrem Arbeitgeber nicht gefiel. Kansiri, eine von Lillis Kolleginnen, hatte die Arbeitsstelle ohne ein Wort verlassen und er befürchtete nun, dass Lilli irgendwann auch nicht mehr kommen würde, um ihren Vertrag zu erfüllen. Daher griff er zu einem drastischen Mittel.

Eines Abends rief mich Lilli an und sagte, dass sie heute nicht zu mir kommen könnte, da ihr Arbeitgeber ihren Reisepass einbehalten hatte.

Sofort setzte ich mich ins Auto und fuhr zu ihrer Arbeitsstelle, um ihn zur Rede zu stellen. Doch so weit kam ich gar nicht, denn im Foyer des Gebäudes warteten bereits zwei Leute auf mich. Einer der beiden schritt mit aggressivem Gesichtsausdruck auf mich zu und schlug sofort auf mich ein. Zu dieser Zeit war ich zum Glück sehr gut trainiert und konnte die Schläge gut abwehren. Als ich zum Gegenangriff ausholen wollte, mischte sich der andere Mann ein und stellte sich zwischen uns. Er wollte offenbar eine weitere Eskalation verhindern. Ich forderte ihn auf, die Polizei zu rufen, doch da kamen schon Lilli und ihre Arbeitskolleginnen angelaufen.

Lilli sagte mir, ich solle mich jetzt ruhig verhalten und nach Hause fahren. Sie würde sich bei mir melden, denn sie verhandelten gerade mit ihrem Arbeitgeber. Schweren Herzens machte ich mich auf den Rückweg. An Schlaf war in dieser Nacht nicht zu denken.

Früh am Morgen bekam ich einen Anruf von Lilli. Sie erläuterte mir, dass sie und ihre Kolleginnen zur thailändischen Botschaft nach Prag fahren würden. Aufgrund der vorgefallenen Ereignisse wollten sie ihre Arbeitsverträge mit dem vietnamesischen Arbeitgeber auflösen lassen und erhofften sich dabei von der Botschaft Hilfe. Für die Fahrt würden sie drei Autos benötigen, weil insgesamt neun Thailänderinnen zu transportieren seien. Wir vereinbarten einen Treffpunkt am nächsten Morgen um 4 Uhr früh.

Nun musste ich noch zwei Fahrer finden. Ich begab mich zu meinem Kumpel Pavel und erklärte ihm die Lage. Pavel war bereits Frührentner und hatte eigentlich immer Zeit. Zuerst war er etwas ängstlich, doch ich sagte ihm, dass sein langweiliges Leben ein wenig »Action« vertragen könnte. Er ließ sich überzeugen und willigte schließlich ein. Wir beschlossen, uns um 3:30 Uhr bei der Tankstelle zu treffen, die gegenüber der Thai-Massage lag.

Ich kontaktierte Kevin per Telefon, um auch ihn über die aktuelle Situation zu informieren. Natürlich war er sofort bereit zu helfen, da die Angelegenheit ja auch seine Geliebte Gung betraf. Da er selbstständiger und freischaffender Bauingenieur war, konnte er sich seine Arbeitszeit selbst einteilen, und war deshalb mit dabei.

Es war ein schöner Morgen, nicht zu kühl, und die Vögel zwitscherten schon. Ich war extrem aufgeregt, denn ich wusste nicht, was uns erwarten würde. Nach dem Zwischenfall mit den beiden Schlägertypen malte ich mir die schlimmsten Dinge aus.

Folgende Strategie hatten wir uns zurechtgelegt: Wir drei sollten uns um 3:30 Uhr an besagter Tankstelle treffen und dort zunächst die Autos volltanken. Um 4 Uhr wollten wir dann gemeinsam am gegenüberliegenden Haus vorfahren, wo sich die Schlafräume der Damen befanden.

Ich erreichte als Erster die Tankstelle und wartete mit einem flauen Gefühl in der Magengegend auf meine Freunde. Endlich kam Pavel an und zu guter Letzt sahen wir Kevin heranfahren.

Doch was machte er? Entgegen der Verabredung bog er in die Einfahrt des gegenüberliegenden Gebäudes ein und wartete mit laufendem Motor vorm Eingang.

Pavel und ich waren sehr wütend auf ihn, denn wir hatten keine Ahnung, was die Vietnamesen im Schilde führten. Wir mussten mit allem rechnen. Daher war eine geplante »Rettungsaktion« angebracht, kein blinder Aktionismus aufgrund irgendwelcher Eitelkeiten.

Schon liefen Lilli und ihre Kolleginnen aus dem Haus und versammelten sich um Kevins Auto. Also starteten wir unsere Fahrzeuge und überquerten im Eiltempo die Straße. Die Frauen stiegen ein und wir düsten sofort los.

Wir fuhren mit hoher Geschwindigkeit, um das Überraschungsmoment zu nutzen und möglichst viel Distanz zwischen uns und etwaige Verfolger zu bringen. Den ersten Streckenabschnitt legten wir auf teilweise engen und holprigen Landstraßen in etwa vierzig Minuten zurück. Vor der Auffahrt auf die Autobahn mussten wir Vignetten in einer Tankstelle erwerben. Die dafür vorgesehene Tankstelle kannte ich gut, deswegen übernahm ich die Führung des Konvois. Immer wieder blickte ich in den Rückspiegel, um eventuelle Verfolger ausfindig zu machen.

Endlich an der Tankstelle angekommen nutzten einige der Frauen die Pause, um eine Zigarette zu rauchen. Die Situation war insgesamt sehr angespannt. Daher hielten wir uns nicht länger auf als nötig und fuhren schnell auf die Autobahn.

Auch hier warf ich ständig nervöse Blicke in den Rückspiegel. Mit Höchstgeschwindigkeit ging es in Richtung Prag. Die Verständigung zwischen den einzelnen Fahrzeugen erfolgte über die Handys der Frauen. Dabei stellten wir fest, dass keiner wusste, wo sich die thailändische Botschaft in Prag befand.

Als wir den Außenbezirk der Hauptstadt erreicht hatten und an einer Kreuzung anhielten, sah ich einen Taxifahrer am Straßenrand parken. Ich stieg aus und fragte ihn, ob er uns zur thailändischen Botschaft lotsen könnte. Er sollte voraus fahren und wir würden ihm mit unseren drei Fahrzeugen folgen. Der Taxifahrer machte den Eindruck, als wäre er betrunken oder bekifft. Dennoch erklärte er sich dazu bereit und fuhr los. Was nun folgte, war eine Verfolgungsjagd quer durch Prag, denn der Taxifahrer raste wie ein Berserker davon. Er fuhr, was die Kiste hergab, wechselte die Spuren, überholte, drängelte sich dazwischen, rauschte bei Rot über die Ampel, und wir versuchten ihm zu folgen, so gut es ging. Ich kam mir vor wie der Protagonist eines Spionagethrillers.

Die Freisetzung von Adrenalin ermöglicht es dem Körper, schnell an Energiereserven zu gelangen, um rasch fliehen oder auch kämpfen zu können. Adrenalin wird aber auch bei psychischer Belastung ausgeschüttet, um das Herz-Kreislauf-System und den Stoffwechsel schnell an die jeweilige Situation anzupassen.

Es wirkte nachträglich wie ein Wunder, dass keiner von uns bei dieser Aktion einen Unfall verursachte. Wir versuchten hartnäckig, dem Taxifahrer zu folgen, doch in der Nähe des Fußballstadions von AC Sparta Prag war er uns dann trotzdem entkommen. Zu unserem Glück erinnerte sich eine der Frauen beim Anblick des Stadions an den ungefähren Standort der Botschaft. Nach ein paar vergeblichen Versuchen in den angrenzenden Straßen fanden wir tatsächlich unser Ziel: das Palais Lobkowitz.

Jetzt waren die Frauen gefragt: Am Eingang zur Botschaft erklärten sie ihr Anliegen. Sogleich wurde uns Einlass gewährt und wir wurden in ein großes Besprechungszimmer geführt.

Nachdem alle Platz genommen hatten, begann sofort ein wildes Durcheinander in thailändischer Sprache. Jetzt entlud sich die Anspannung der letzten Tage. Ein Botschaftsangehöriger kam zu mir und fragte mich auf Deutsch, ob ich einen Tee zu trinken wünschte. Ich bejahte, nahm die Tasse entgegen und zog mich in eine Ecke zurück.

Nach geraumer Zeit erschien der vietnamesische Arbeitgeber der Frauen. Kevin, Pavel und ich wurden gebeten, in einem anderen Raum zu warten, sie wollten jetzt die Verhandlungen aufnehmen.

Nach einer Weile kam Lilli zu mir und erzählte mir, dass ihr Arbeitsvertrag aufgehoben wurde. Erst jetzt erfuhr ich von ihr, dass sie ein Hämatom am Oberarm hatte. Das rührte von einer Auseinandersetzung mit ihrem Arbeitgeber her, die am Vortag passiert war.

Ihr Arm schmerzte nun so sehr, dass ich sofort mit ihr in ein Krankenhaus fuhr. Sie wurde geröntgt und bekam vom Oberarzt ein Schmerzmittel. Der Arzt konnte keinen Bruch feststellen und so durften wir das Krankenhaus gleich wieder verlassen.

Als wir in die Botschaft zurückkehrten, erfuhren wir, dass die Frauen noch einige Tage in der Botschaft bleiben sollten. Es mussten neue Verträge mit anderen Unternehmen ausgehandelt werden, denn keine der Damen wollte zu diesem Arbeitgeber zurück.

Kevin und Pavel fühlten sich wie Ritter, die die Jungfrauen vor dem Drachen gerettet hatten. Ich war in erster Linie müde und überglücklich über den Ausgang des Abenteuers.

Es vergingen ein paar Tage ohne Nachricht von Lilli. Ich wurde immer unruhiger. War sie vielleicht schon auf dem Weg nach Thailand? Würde ich sie je wiedersehen? Gemischte Gefühle begleiteten mich täglich, ob zu Hause oder bei der Arbeit.

Wenn die Sehnsucht zu groß wurde, dann schnüffelte ich an einem Gläschen Tiger Balm, das sie mir vor geraumer Zeit geschenkt hatte. Diesen Geruch verband ich mit ihr, so wie andere ein Parfüm mit einer Frau verbinden.

Ich befand mich auf dem Weg zu einem Fotografen, um ein Passbild für einen Firmenausweis anfertigen zu lassen, als mein Handy klingelte. Ich ging ran und hörte die vertraute Stimme von Lilli. Mein Herz fing an zu rasen vor lauter Aufregung und Freude.

Lilli fragte mich, ob ich sie in Prag abholen würde und ob sie und Gung vorübergehend bei mir einziehen könnten. Zuvor müssten wir noch ihre Sachen aus der Unterkunft holen.

Ich konnte mein Glück gar nicht fassen und sagte ganz lässig: »Natürlich werde ich dich abholen.«

Am nächsten Tag begab ich mich mit Kevin auf den Weg nach Prag. Die Wiedersehensfreude war riesig. Ein paar Kolleginnen von Lilli waren sehr traurig, denn sie hatten durch die Botschaft neue Arbeitsverträge bei unterschiedlichen Unternehmen erhalten und ihre Gemeinschaft wurde dadurch jetzt auseinandergerissen. Zwei der Mädchen gingen zurück nach Bangkok, eine zog nach Deutschland, zwei blieben in Prag und zwei hatten in Pilsen eine neue Anstellung gefunden.

Wir machten zum Abschied ein Gruppenfoto vor der thailändischen Botschaft, das bis heute die Wand meines Arbeitszimmers ziert.

Auf der Fahrt zur Unterkunft telefonierten Lilli und Gung mit dem Arbeitsamt in Bangkok, um über ihre Erfahrungen mit diesem Arbeitgeber zu berichten. Als wir bei der Unterkunft ankamen, waren schon einige der Damen dabei, ihre Sachen in Fahrzeuge zu beladen. Ihr vietnamesischer Arbeitgeber stand teilnahmslos daneben und beobachtete die Szenerie.

Es dauerte nicht lange und mein Auto war mit den Habseligkeiten von Lilli und Gung beladen. Wir fuhren wortlos, ohne uns noch einmal umzudrehen, los in Richtung der deutsch-tschechischen Grenze. Zu Hause angekommen richteten sich die Damen häuslich ein, Gung im Erdgeschoss und Lilli im Obergeschoss.

In der Zwischenzeit hatte meine Noch-Ehefrau bezüglich des Trennungsunterhalts einen Anwalt konsultiert. Ich hatte schon vor geraumer Zeit unser gemeinsames Girokonto aufgelöst und zahlte seitdem freiwilligen Trennungsunterhalt in Höhe der Hälfte meines Einkommens. Deshalb war ich sehr verwundert über ihre Reaktion. Diese Streitigkeit sollte sich noch sehr lange hinziehen und schließlich darin münden, dass ich den Unterhalt kürzen durfte.

Die Borderline-Persönlichkeit interpretiert die Einwilligung anderer so, wie es ihren Bedürfnissen am ehesten entspricht. Meistens sieht sie darin eine Bestätigung für ihre Sichtweise, dass andere für sie verantwortlich seien, oder dass die eigenen Wahrnehmungen allgemein geteilt und unterstützt werden.

Von Zeit zu Zeit besuchten Lilli und ich einen Heilquellenkurbetrieb unweit der deutsch-tschechischen Grenze. Es ist das einzige Kur- und Heilbad der Oberpfalz und steht in der Tradition der nahen tschechischen Kurorte Karlsbad, Marienbad und Franzensbad. Die Becken sind mit kohlensäuremineralhaltigem Heilwasser angereichert.

Als wir ausgelassen in dem Bewegungsbecken herumturtelten, erschien plötzlich meine Noch-Ehefrau mit einer männlichen Begleitung in der lichtdurchfluteten Badehalle. Wir begaben uns in die Dampfgrotte. Die beiden folgten uns, setzten sich uns gegenüber und sandten uns zornige Blicke. Diese unausweichliche Situation war sehr unangenehm, doch wir beachteten die beiden nicht und ließen uns davon auch nicht beeindrucken.

Borderliner brauchen und lieben das Drama, und natürlich sind ausschließlich andere an allen Problemen schuld. Gleichzeitig legen sie einen ausgeprägten Geltungsdrang an den Tag und vereinnahmen Menschen ebenso schnell wie umfassend.

Es sollte bei diesem einzigen Vorfall bleiben und Lilli bekam meine Noch-Ehefrau nie wieder zu Gesicht.

Eines Abends sah ich mir mit Lilli die Horrorkomödie »Tanz der Vampire« aus dem Jahr 1967 im Fernsehen an. In dem Film finden zwei Vampirjäger ein verschneites Schloss in den Bergen, das dem Grafen Krolock, dem Fürsten der Vampire, gehört.

Dieser Film sollte noch zu einiger Verwirrung führen, als wir in den darauffolgenden Tagen eine nahe gelegene Burg besichtigten. Es begann damit, dass Lilli mich fragte, ob in dieser Burg auch Vampire leben würden. Aufgewachsen mit dem thailändischen Geisterglauben waren Vampire für sie überaus reale Gestalten. Ich machte mir einen Spaß daraus und bejahte ihre Frage. Sie reagierte mit purer Angst, weshalb ich sofort wieder zurückruderte und ihr erklärte, dass ich sie nur auf den Arm genommen hätte.

Während der nächsten Wochen machten wir Ausflüge in die weitere Umgebung. Wir besuchten eine Sommerrodelbahn im Fichtelgebirge, spazierten in München rund um den Marienplatz und gingen in die Wälder zum Pilzesuchen. Dabei erzählte sie mir, dass sie noch nie richtig Urlaub gemacht hatte.

Beginn einer Odyssee

Die Bürokratie holte uns rasch wieder ein. Ich begab mich zur Ausländerbehörde, um mich bezüglich der Formalitäten für eine Heirat beraten zu lassen. Der Leiter, ein gewisser Herr Hiltmann, empfing mich dort. Die erste Aussage, die ich von ihm hörte, war: »Sie wissen doch gar nicht, was diese Frau gearbeitet hat.«

Natürlich begriff ich sofort, was er mir damit suggerieren wollte: Lilli sei eine Prostituierte, denn jede Thailänderin müsse – nach der Meinung vieler Deutscher – natürlich im horizontalen Gewerbe tätig sein.

Ich antwortete ihm wie folgt: »Alle Deutschen, die nach Thailand fahren, sind Pädophile, denn sie suchen nur Sex mit Minderjährigen. Wer ist jetzt schlimmer: Derjenige, der es aus Not tut, oder derjenige, der die Situation ausnutzt und es will?«

Seine Gesichtsfarbe änderte sich unverzüglich und er bekam einen roten Kopf. Dann erst begann er, mich über die Visabestimmungen aufzuklären. Da ich bisher in meinem Leben nie mit diesen Dingen konfrontiert war, erstaunten mich die hohen Anforderungen in Zeiten der ansonsten überall heraufbeschworenen Globalisierung. Herr Hiltmann erläuterte mir, dass Lilli erst nach Thailand zurückreisen müsse, um dort ein Visum für die Heirat mit einem Deutschen zu beantragen.

Ich fragte ihn, was das für ein Unsinn sei. Sie sei doch schon hier und ich würde nur auf meine Scheidung warten, damit wir heiraten könnten. Er habe die Bestimmungen nicht gemacht, entgegnete er mir. Sie könnte auch illegal hierbleiben. Ich bedankte mich für die Auskunft und fuhr nach Hause. Zuerst setzte ich mich an den PC und forschte im Internet nach den Visabestimmungen, um mir selbst ein Bild davon zu machen.

Der Freund von Lillis Arbeitskollegin Kansiri gab mir am Telefon den Ratschlag, ein Visum für einen Sprachkurs in Deutschland zu beantragen. Dieses Visum würde sie sofort erhalten, wenn sie eine Anmeldebestätigung von einer deutschen Schule vorlegen könnte. Der Antrag für dieses Visum müsse jedoch in der deutschen Botschaft in Bangkok erfolgen.

Also fuhren wir zur nächstgelegenen Volkshochschule. Dort empfing uns ein Herr Kretzer, der uns erklärte, dass der Integrationskurs (BAMF) aus drei Teilen bestand, und teilte uns auch die Kosten mit. Ich meldete Lilli für den Basiskurs, den Aufbaukurs und den Orientierungskurs bei der Volkshochschule an.

Als Nächstes benötigte ich eine Verpflichtungs-
erkärung, die ich bei der Ausländerbehörde
erhielt. Je nach Art und Dauer des angestrebten
Aufenthaltes werden an die finanzielle Leistungs-
fähigkeit des Verpflichteten unterschiedliche
Anforderungen gestellt, damit durch sie die
Erteilungsvoraussetzung ausreichender Mittel
zum Lebensunterhalt erfüllt werden kann.

Die Verpflichtungserklärung begründet keine
unmittelbare Verpflichtung gegenüber dem
begünstigten Drittstaatsangehörigen, eröffnet
aber staatlichen Stellen eine Rückgriffs-
möglichkeit für den Fall, dass sie wegen des
Aufenthalts Kosten tragen müssen, denen keine
Beitragszahlungen entgegenstanden. So können
ggf. Sozialhilfekosten, Leistungen nach dem
AsylbLG inklusive anfallender Krankenbehand-
lungskosten sowie die Kosten einer etwaig
erforderlichen Abschiebung einschließlich
Abschiebungshaft anfallen.

Im August 2007 waren wir gezwungen, eine
weitere Reise nach Bangkok zu unternehmen. Ich
wollte Lilli dabei begleiten, den Antrag für das
Visum zum Zweck der Teilnahme an einem
Sprachkurs bei der deutschen Botschaft in
Bangkok zu stellen. Außerdem benötigte Lilli
einen Krankenversicherungsnachweis für die
Dauer des Aufenthalts, den ich bei der ELVIA
abschloss, einer Reiseversicherung der Allianz.
Zu guter Letzt buchten wir die Flüge für die Hin-
und Rückreise. Es musste schnell gehen, denn
Lillis Schengen-Visum hatte nur noch eine Woche
Gültigkeit.

Land des Lächelns

Endlich war der Tag der Abreise gekommen und mein Onkel Eckhard brachte uns zum Münchner Flughafen Franz Josef Strauß. Wir waren voller Enthusiasmus und voller Vorfreude auf Lillis Heimat Thailand. Der Nonstop-Flug verlief entspannt und ohne weitere Zwischenfälle.

Gung war bereits zwei Wochen vorher nach Thailand zurückgekehrt. Sie nahm uns am Airport in Empfang und wir fuhren gemeinsam zu Lillis Tante Ba Gun, wo wir die nächsten Tage verbrachten.

Bangkoks Innenstadt ist geprägt von Wolkenkratzern, Betonschluchten, alten Stadtteilen mit engen Gassen, Teakhäusern, dunklen Kanälen und vielen Tempeln, die sich über das ganze Gebiet der Metropole verteilen. Doch Thailands Hauptstadt ist auch eine besonders grüne City, denn kaum eine andere Stadt dieser Größenordnung kann mit so vielen öffentlichen Parks und Grünflächen aufwarten.

Wir wollten eine dieser grünen Oasen besuchen, um uns dabei auf den morgigen Termin in der Botschaft vorzubereiten, und entschieden uns für den Chatuchak Park. Er gilt als beliebter Treffpunkt in Bangkok. Gleich nebenan befindet sich der Chatuchak Weekend Market, der nur an den Wochenenden seine Tore öffnet. Dann jedoch herrscht dort ein reges Treiben, während der Park unter der Woche eher ein lauschiges Örtchen ist.

Tags darauf stieg die Anspannung spürbar, während wir unseren Termin in der Botschaft wahr nahmen. Zuerst mussten wir die Sicherheitskontrolle am Eingang passieren und uns ausweisen. Dann betraten wir ein großes Foyer, in dem Holzstühle in mehreren Reihen hintereinander standen. Der Zutritt zu den Schaltern, an denen die Visa-Anträge bearbeitet wurden, führte über eine Treppe zu einem erhöhten Bereich im Gebäude. Vor dieser Treppe stand ein thailändischer Botschaftsmitarbeiter, der den Zugang kontrollierte. Man musste eine Nummer an einem Automaten ziehen, und erst wenn diese an der Anzeigentafel aufleuchtete, durfte man den erhöhten Raum über die Zugangstreppe betreten.

Deutsche Botschaft in Bangkok.

102

Wir bekamen ein vierseitiges Antragsformular zur Erteilung einer Aufenthaltserlaubnis und ein Zusatzblatt zur Beantragung eines Sprachkurses zum Ausfüllen ausgehändigt. Auf die Frage, warum Lilli den Kurs nicht in ihrem Heimatland (Thailand) durchführte, gab Lilli folgende Antwort: »Ich möchte Deutsch dort lernen, weil ich meinen Freund dabei besser kennenlernen kann, und wir wollen Kinder haben.«

Diese ehrliche Antwort sollte uns noch zum Verhängnis werden und zu einer unglaublichen Odyssee führen.

Wir füllten den Antrag und das Zusatzblatt aus und reichten beides ein. Die Investitionen, die wir bis jetzt getätigt hatten, um zu heiraten und zusammen leben zu dürfen, beliefen sich zu diesem Zeitpunkt auf 2.008 Euro.

Nach Erledigung der Formalitäten nutzten wir die Zeit des Abwartens, mir Thailand näher zu bringen. Wir verbrachten ein paar Tage in Dong Kheng, dem Heimatort von Lilli. Ihre Eltern freuten sich sehr über unser Erscheinen und Lilli konnte mit ihren Kindern endlich ein paar Tage Urlaub machen.

Von Bangkok aus machten wir anschließend einen Ausflug zum schwimmenden Markt Don Wai an den Ufern des Flusses Tha Chin. Er liegt in der Provinz Nakhon Pathom, nicht weit von der Hautpstadt entfernt. Dieser Markt ist berühmt für seine Vielzahl von Lebensmitteln wie gedünstete Java-Barbe in salziger Suppe, die als »Silberbarbe« besser bekannt ist und zur

Fisch-Gattung Barbonymus zählt. In der Nähe des Flussmarkts befindet sich einer der bekanntesten Tempel von Nakhon Pathom: Wat Rai Khing. Er ist per Boot über den Fluss Tha Chin zu erreichen. Außerhalb von Bangkok liegt ein wenig bekannter Park, der sich der Erhaltung des thailändischen Kulturerbes widmet. Ancient City ist ein riesiges, ca. 320 Hektar großes Freilichtmuseum, das in der Form von Thailand angelegt ist. Dort finden sich unter anderem Nachbildungen von wichtigen Gebäuden aus ganz Thailand in verkleinertem Maßstab. Über hundert Denkmäler wurden dort gesammelt oder reproduziert, wovon einige Rekonstruktionen nicht mehr existenter Bauwerke sind. Andere Gebäude sind Beispiele traditioneller Volks-architektur und sollten an ihrem ursprünglichen Ort abgerissen werden, doch die »antike Stadt« kaufte, demontierte und baute sie im Park wieder auf.

Nach der Besichtigung von Ancient City fuhren wir nach Bang Poo, um im Pier Restaurant Salasukta richtiges Seafood zu genießen. Wir staunten nicht schlecht über die massenhaft anfliegenden Seevögel, die sich über die Speisereste hermachten. Ein weiterer Tag neigte sich dem Ende entgegen und wir beobachteten den Sonnenuntergang über dem Golf von Thailand.

Die nächsten Tage blieben wir in Bangkok und ich nutzte die Zeit, um in einem Internet-Café mit Kevin in Deutschland zu korrespondieren. Er teilte mir mit, dass die Anträge jetzt bei der Ausländerbehörde vorliegen würden. Der Leiter der Ausländerbehörde, Herr Hiltmann, meinte jedoch, dass wir in den Anträgen nicht hätten angeben dürfen, dass wir uns zwecks späterer Heirat besser kennenlernen wollten. Hier hätte man die Unwahrheit sagen sollen. Jedenfalls bewilligte Herr Hiltmann die Aufenthaltserlaubnis.

Hier stellte sich mir folgende Frage: Warum darf eine Thailänderin nicht in Deutschland Deutsch lernen und dabei ihren Verlobten besser kennenlernen, wenn die Finanzierung ihres Aufenthalts gesichert und die damit verbundenen Risiken durch ihren Verlobten ausnahmslos gedeckelt sind? Eine innere Unruhe befiel mich nach dieser Mitteilung. Ich konnte nicht glauben, dass mir ein deutscher Beamter geraten hatte, in einem Antragsformular die Unwahrheit zu sagen. Sicherlich hatte er seine Gründe dafür und natürlich auch die nötige Erfahrung. Mein Weltbild gelangte jedenfalls enorm in Schräglage. Ich lenkte mich ab, indem ich mit Lilli und ihren Kindern im Siam Paragon zum Bowling ging. Das Siam Paragon ist ein beliebtes Einkaufszentrum mit schicken Boutiquen internationaler Modemarken und stilvollen Restaurants. Außerdem beherbergt es sechzehn Kinos, mehrere Bowlingbahnen und das größte Aquarium Südostasiens. Aufgrund seiner prominenten Lage an der Skytrain-Station Siam sehen viele das Siam Paragon als Zentrum von Bangkok an.

Wir besuchten den Wat Phra Kaeo (Tempel des Smaragd-Buddha), der auf dem 2,5 km² großen Areal des Königlichen Palastes in Bangkok steht. Er ist der Tempel des Königs und gilt als der bedeutendste buddhistische Tempel in Thailand.

Neben dem zentralen Hauptgebäude hat der Wat Phra Kaeo acht in einer Reihe stehende Prangs. Diese Reliquienschreine in Form schlanker Türme sind im kambodschanischen Stil errichtet und weltbekannt. Auf einer oberen Terrasse, die von mythologischen Figuren und Elefantenmodellen umgeben ist, finden sich vier Hauptmonumente. Im Anschluss daran fuhren wir zur Zentrale der

Thai Airways International, um eine Flugver-
schiebung für Lilli zu beantragen, denn der
Termin des Rückflugs rückte immer näher.

Wat Phra Kaeo – Tempel des Smaragd-Buddha.

Die Thailänder feiern den Muttertag am Geburtstag der Königin. Am 12. August 2550 buddhistischer Zeitrechnung beging Königin Sirikit ihren 75. Geburtstag. Zahlreiche Zeremonien zu ihren Ehren fanden an diesem Feiertag im ganzen Land statt. Wir begaben uns in die Schule von Lillis zweitgeborenem Sohn Suthat. Bei der dortigen Muttertagsfeier erhielt Lilli eine Auszeichnung als Mutter. Die Schule befand sich in unmittelbarer Nähe zum Chao Phraya, dem größten Fluss Thailands. Er fließt durch Bangkok und dann in den Golf von Thailand.

Anschließend besuchten wir die Eishalle »Sub-Zero Ice Skate Club« in der Esplanade Mall. Eine Runde auf dem Eis garantierte Abkühlung und auch Spaß, vor allem, weil Lilli noch nie Schlittschuh gefahren war. Am Anfang hielt sie sich tapfer an der Bande fest, denn sie kam des Öfteren ins Taumeln. Dann wurde sie mutiger und fuhr in der Mitte, was schließlich einen schmerzhaften Sturz zur Folge hatte. Damit waren ihre Ausflüge aufs Eis auch schon fürs Erste beendet.

Es war an der Zeit, sich um ein Appartement für Lilli zu kümmern, denn der Tag meiner Abreise stand kurz bevor. Lilli fand ein schönes Zimmer mit Balkon in der Nähe der Wohnung von Gungs Cousine Nipaporn. Es lag in der Sutthisan Road im Bezirk Din Daeng – einer der dichtest besiedelten Bezirke Bangkoks, nicht zuletzt wegen der zahlreichen Sozialwohnungen aus den sechziger Jahren.

Muttertagsfeier in der Schule von **Suthat**.

Unser letzter Ausflug vor meiner Rückreise führte uns zum schwimmenden Markt von Damnoen Saduak. Hierbei bietet sich eine perfekte Gelegenheit, die ursprüngliche Kultur Thailands zu erfahren. Den Besucher erwartet dort eine Welt voller Farben und exotischer Düfte. Auf unzähligen Booten werden landwirtschaftliche Produkte, aber auch leckere Gerichte aus den Garküchen angeboten. Wer dieses bunte Treiben in seiner authentischen Form erleben möchte, sollte allerdings möglichst früh am Markt erscheinen.

Einst dienten die Kanäle als Transportwege für verschiedene Güter. Obst, Gemüse, Fleisch und Fisch gelangten so in die Städte und wurden praktischerweise gleich auf den Booten feilgeboten. Auch Bangkoks Stadtteil Thonburi war früher für seine schwimmenden Märkte berühmt, heute findet man dort jedoch größtenteils zur Landgewinnung zugeschüttete Kanäle.

Die Zeit des Abschieds war gekommen und wir fuhren gemeinsam zum Suvarnabhumi Airport. Leider hatten wir bis dahin noch keine positive Nachricht von der deutschen Botschaft in Bangkok erhalten. Wut und Verzweiflung machten sich in mir breit. Jedoch fühlte ich mich gezwungen, diese Gefühle zu unterdrücken und gegenüber Lilli eine hoffnungsvolle Haltung einzunehmen. Wir betraten das Flughafenterminal, in dem der Passagierverkehr abgewickelt wurde.

Schwimmender Markt von Damnoen Saduak.

Das Terminal gliederte sich in einen »landseitigen« und einen »luftseitigen« Bereich, wobei der »landseitige« Teil öffentlich also auch für Besucher zugänglich war. Hier gab es unter anderem Bankschalter, Cafés und Restaurants. Beide Bereiche waren durch eine Wand aus Glas voneinander getrennt.

Als ich den »luftseitigen« Bereich betrat, erfolgte zuerst die Passkontrolle. Dabei trennte ein thailändischer Beamter die sogenannte Departure Card, die ich bei der Einreise erhalten hatte, wieder aus dem Reisepass heraus, um sie zu verwahren. Anschließend folgte ein letzter Blick in Richtung Lilli, die mit beiden Händen an der Glaswand lehnte und herzzerreißend weinte. Diesen schmerzvollen, von Tränen überströmten Gesichtsausdruck werde ich mein Leben lang nicht vergessen. Noch nie zuvor hatte ich erlebt, dass ein Mensch so um mich weinte und ich wusste jetzt, wie sehr mich diese Frau wirklich liebte. Ich hatte meine wahre Liebe in diesem Leben gefunden.

Ich saß verloren im Wartebereich meines Gates, von dem aus ich das Flugzeug besteigen würde. Viele Gedanken schossen mir in den Kopf – die Trennung von Lilli, die Kultur Thailands, die mich verzaubert hatte, und die bevorstehende Rückkehr nach Deutschland, die mich noch viel Energie kosten sollte. Immer wieder richteten sich meine Blicke auf die digitalen Anzeigetafeln, um keine Änderung zu verpassen. Zu verwirrt war mein Geist und das flaue Gefühl in der Magengegend wollte auch nicht vergehen.

Suvarnabhumi International Airport in Bangkok.

Nach der Rückkehr

Kevin wollte mich am Flughafen in München abholen, aber ich lehnte sein Angebot dankend ab, da mein Onkel Eckhard bereits informiert war. Zu Hause erfuhr ich, dass Kevin sich eine eigene Wohnung genommen und sich von seiner Familie getrennt hatte.

Ich verbrachte noch ein paar Tage Urlaub zu Hause und nutzte die Zeit, um erneut bei Herrn Hiltmann vorzusprechen. Er bestätigte mir, dass die Ausländerbehörde die Aufenthaltsgenehmigung befürwortet hatte, und gab mir die E-Mail-Adresse des Sachbearbeiters in der deutschen Botschaft in Bangkok, ein gewisser Herr Lars Maszyna.

Zu Hause setzte ich ein Schreiben an Herrn Maszyna auf, in dem ich unter anderem darauf hinwies, dass die Kursplanungen der Volkshochschule bereits begonnen hatten und ich jetzt gerne eine Antwort von ihm hätte.

Diese bekam ich nicht und so vergingen weitere zwei Wochen, bis ich Herrn Kretzer, den zuständigen Mitarbeiter bei der Volkshochschule, kontaktierte. Ich bat ihn darum, Herrn Maszyna zu schreiben, was er auch mit folgenden Worten tat: »Der Kurs beginnt am Montag, den 24.09.07. Nach Auskunft der zuständigen Ausländerbehörde wurde der Aufenthalt bewilligt. Nachdem wir den Platz freihalten, hätte ich gerne gewusst, ob die Erteilung des Visums noch rechtzeitig erfolgen kann.«

Auch Herr Kretzer erhielt keine Antwort von Herrn Maszyna.

Ein paar Tage später berichtete mir Lilli, dass sie eine Benachrichtigung durch die deutsche Botschaft erhalten hätte. Das Schreiben enthielt folgenden Wortlaut in englischer Sprache:

»Die Botschaft muss Ihnen leider mitteilen, dass Ihrem Visumsantrag nach gebührender Berücksichtigung des deutschen Ausländerrechts nicht stattgegeben werden kann.

Bitte haben Sie Verständnis dafür, dass nach deutschem Recht und im Einklang mit der gängigen internationalen Gepflogenheit keine Gründe für eine solche Ablehnung angegeben werden. § 77 Abs. 2 AufenthG besagt:

›Für die Verweigerung oder Einschränkung eines Visums oder eines Passersatzes vor der Einreise bedarf es keiner Begründung oder Rechtsmittelbelehrung; an der Grenze ist kein schriftlicher Ablehnungsbescheid erforderlich.‹

Dieser Bescheid wurde elektronisch erstellt und ist auch ohne Unterschrift gültig.«

Wie ich bereits erwähnte, war ich technischer Betriebsleiter eines kleinen Ingenieurbüros für Tragwerksplanung. Meine Chefin, die für die kaufmännische Leitung zuständig war, zeigte vollstes Verständnis für meine Lage. Wir vereinbarten, dass ich sechs Wochen lang die Geschäfte führen und mir dann vier Wochen Auszeit nehmen sollte, auch als Ausgleich für die vielen Überstunden, die ich in der Vergangenheit absolviert hatte. Dies konnte ich dann nutzen, um nach Thailand zu fliegen.

Täglich um 18 Uhr kontaktierte ich Lilli über den »Windows Live Messenger« und wir erzählten uns, was wir tagsüber jeweils alles unternommen hatten. Sie hatte es sich zur Angewohnheit gemacht, mich jeden Tag um 6:30 Uhr anzurufen und mir einen guten Morgen zu wünschen.

Für mich wurde es finanziell nun langsam eng. Die Hälfte meines Gehalts ging nach wie vor an meine Noch-Ehefrau und zusätzlich musste ich jetzt noch die Unterkunft und Verpflegung für Lilli bestreiten. Damit die Ausgaben im Rahmen blieben, suchte sich Lilli manchmal einen Gelegenheitsjob.

Erneute Reise nach Siam

Die sechs Wochen zogen sich wie ein Kaugummi, doch schließlich war der Tag der Abreise gekommen. Kevin wollte mich begleiten und wir flogen zusammen nach Bangkok.

Wir hatten unsere Plätze in der mittleren Sitzreihe des Flugzeuges. Neben mir saß ein Alkoholiker, der ständig Bier in sich hineinschüttete. Sein Körper roch schon nach kurzer Zeit scharfsäuerlich. Ich ekelte mich und fragte Kevin, ob wir zwischendurch die Plätze tauschen könnten. Er verneinte und meinte nur, die zwölf Stunden Flugzeit würde ich schon aushalten.

Die Wiedersehensfreude in Thailand war riesig. Lilli hatte sich ihre gelockten Haare geglättet, um mir noch mehr zu gefallen.

Den ersten Abend verbrachten wir bei einem gemeinsamen Essen in der Nähe des Appartements. Kevin und Gung wussten bereits, dass wir eine Familie gründen und zusammen Kinder haben wollten. Aus einer Bierlaune heraus hörte ich Kevin sagen, dass auch er mit Gung noch Kinder haben wolle.

Danach gingen wir in ein Karaoke-Lokal. Lilli ging auf die Bühne und nahm das Mikrofon, um ein thailändisches Liebeslied für mich zu singen. Sie hatte eine wundervolle Stimme und ihre Gesten, die in meine Richtung zeigten, trafen mich mitten ins Herz.

Da stürmte Kevin von seinem Platz aus zwischen Bühne und Sitzgruppe, sodass mir der direkte Blick zu Lilli verwehrt war, um somit die volle Aufmerksamkeit auf sich zu lenken. Schon länger nervte er mich mit seiner Eifersüchtelei. Es kam zu einem Wortwechsel, indem ich ihm klarmachte, dass ich nicht wie er sei, sondern anders.

Wie eine giftige Tarantel spritzte er mir ins Gesicht: »Du glaubst wohl, du bist besser als ich!« Ich blieb ruhig und erwiderte, dass ich nicht behauptet hätte, besser, jedoch auf jeden Fall anders zu sein als er. Die Distanz zwischen uns vergrößerte sich daraufhin. Es sollte nicht bei dieser Auseinandersetzung bleiben.

Am nächsten Tag fuhren Lilli und ich mit dem Bus nach Dong Kheng, Kevin und Gung blieben in Bangkok. Diese Distanz zu meinem »Freund« benötigte ich dringend.

Als wir ankamen, waren Lillis Kinder gerade damit beschäftigt, eine Himmelslaterne (Khom Loy) herzustellen. Es handelte sich um einen kleinen Heißluftballon aus Papier, der unten offen war und von einer Feuerquelle im Innern beheizt wurde. Himmelslaternen sollten Glück bringen. Viele Thailänder sehen darin ein Symbol für davonfliegende Probleme und Sorgen.

Sie bestehen aus einer dünnen Papierhülle, die zwischen 30 cm und ein paar Metern breit sein kann. Die Öffnung an der Unterseite ist in der Regel etwa 10 bis 30 cm groß und von einem steifen Kragen umgeben, der dazu dient, die Flammenquelle aufzuhängen und von den Wänden fernzuhalten. Wenn die Flamme brennt, erwärmt sie die Luft in der Laterne. Ihre Dichte sinkt und die Laterne steigt in die Höhe. Sie ist nur so lange in der Luft, bis die Flamme erlischt, und sinkt danach wieder zu Boden.

Am nächsten Tag machten wir einen Ausflug nach Phutthaisong, um den Tempel Wat Phra Chao Yai zu besuchen. Die Chronik besagt, dass seine Ursprünge mehr als ein Jahrtausend zurückreichen. Die dortige Buddha-Statue gilt als eine der heiligsten in der Provinz Buriram und soll – laut Mae Sing, einer Freundin von Lillis Mutter – bei der Zeugung von Nachkommen helfen. Also baten Lilli und ich um göttlichen Beistand bei der Zeugung unserer Kinder.

Wat Phra Chao Yai in Phutthaisong.

Dann verabschiedeten wir uns aus Dong Kheng und fuhren zurück nach Bangkok. Dort besuchten wir einen weiteren Tempel, den Wat Intharawihan. Er wurde in der späten Ayutthaya-Periode erbaut. Im 19. Jahrhundert initiierte der Mönch Somdej Toh den Bau einer gigantischen stehenden Buddha-Statue, die allerdings erst im März 1928 fertiggestellt wurde. Somdej Toh, offiziell bekannt als Phra Buddhachan Toh Phromarangsi (1788–1872 n. Chr.), war einer der meistverehrten Mönche in der thailändischen Geschichte. Er starb 1872 im Wat Intharawihan, weshalb dieser Tempel auch eine besondere Verehrungsstätte für diesen prominenten buddhistischen Lehrer ist.

An diesem Tag hatte ich das Amulett von Abt Luang Pho Lai um den Hals. Zwei Mönche, die sich gerade im Tempel befanden, begutachteten es und stuften es als sehr wertvoll ein.

Somdej Toh war der Erste, der die bekannten Phra-Somdej-Amulette erschuf. Er begann mit der Herstellung der ersten Charge im Jahr 2409 B.E. buddhistischer Zeitrechnung (A.D. 1866). Insgesamt stellte er 84.000 Stück her.

Somdej-Amulette bestehen aus heiligem Pulver, verschiedenen Blumen, Reis, Lotus, Muschelkalk, Bananen, Asche, Honig, Tangöl, Sand und anderem Material. Die Somdej-Amulette aus der damaligen Zeit wurden von Somdej Toh und anderen älteren Mönchen mit dem Katha Chinabanchorn gesegnet.

Luang Pho Tho, stehende Buddha-Statue des Wat
Intharawihan.

Amulette von Abt Luang Pho Lai

Somdej Toh erhielt von einem ceylonesischen Mönch ein heiliges Katha. Das Katha Chinabanchorn ist eine Form der spirituellen Unterweisung. Somdej Toh überarbeitete und verbesserte das ursprüngliche Katha, um es leichter zu verstehen und zu beten. Das Katha Chinabanchorn wird für zeremonielle Gesänge, die Segnung von Amuletten, Meditation und zum Schutz verwendet.

Es ist eines der mächtigsten alten Kathas, da es die magischen Kräfte vieler Buddhas und Phra Arahants einlädt, diejenigen zu schützen, die den Schrifttext rezitieren. Somdej-Amulette sind mit diesem Katha gesegnet. Daher sind sie sehr beliebt und als die »Könige der Amulette« bekannt. Sie werden für ca. 70.000 Euro und mehr gehandelt.

Mit Lillis Kindern besuchten wir den Vergnügungs- und Wasserpark Siam Park City. Er liegt im Bezirk Khan Na Yao an der Suan Siam

Road, die nach Norden von der größeren Seri Thai Road abzweigt. Der Park umfasst zahlreiche Schwimmbäder, Wasserrutschbahnen und das größte künstliche Wellenbad der Welt – zertifiziert von »Guinness World Records«. Das Bad erstreckt sich auf einer Fläche von 13.600 m².

Durch das Parkgelände fließt ein künstlicher Fluss. Dieser Teil wird auch »Sea of Bangkok« genannt und führt das Motto »Siam Park – World of happiness enjoy unforgettable«.

Siam Park City wurde im November 1975 von Chaiwat Luangamornlert gegründet und 1980 eröffnet. Der Park hat jährlich 2 Millionen Besucher aus aller Herren Länder und besitzt einige der größten Fahrgeschäfte in der Region. Ursprünglich hatte er eine Ausdehnung von 49 Hektar, inzwischen ist er mit einer Fläche von 121 Hektar der größte Themen- und Wasserpark in Südostasien. Er startete mit nur wenigen Fahrgeschäften, jedoch sind heute über dreißig Attraktionen in Betrieb. Bei der »Speed Slide« klebte uns die Badehose an der Brust, weswegen dies eine eher einmalige Aktion blieb. Diese extrem schnellen Wasserrutschen benötigen ein hohes Maß an Übung und Körperbeherrschung. Dazu sollten die Beine an den Füßen übereinandergeschlagen werden. Somit berührt nur noch die Ferse den Boden. Dann den Körper anspannen und das Gesäß nach oben drücken. Schließlich die Schultern nach unten pressen, damit der ganze Körper nur noch auf drei Punkten ruht – einer Ferse und zwei Schulterblättern. Und dann geht es los...

Es war an der Zeit, die Unterlagen für den zweiten Antrag auf Erstellung eines Schengen-Visums zusammenzustellen. Dafür begaben wir uns in den Lumphini Park in Bangkok. Die grüne Oase umfasst etwa 576.000 m² und liegt unweit der deutschen Botschaft, die sich in der Sathorn Road befindet. Der Park ist ummauert und enthält einen künstlichen See, der mit mietbaren Ruder- und Tretbooten befahren werden kann. Auch ein 2,5 Kilometer langer Trimm-dich-Pfad mit vielen Geräten schlängelt sich durch den Park, der neben Hüpfhindernissen zum Beispiel auch Hanteln bereithält. Der Lumphini Park bildet einen der wenigen Orte, an dem auch heute noch berittene Polizisten patrouillieren. Die beste Besuchszeit ist am frühen Morgen vor 7 Uhr. Um diese Zeit üben die einheimischen Chinesen in der morgendlichen Kühle Tai Chi. Abends kurz vor Sonnenuntergang, wenn die Hitze abgeklungen ist, trainieren viele Anwohner der Umgebung unter Anleitung eines Vorturners Aerobic mit flotter Musik. In dem kleinen Ort Lumbini in Nepal, Namensgeber des Parks, soll einst Buddha geboren worden sein.

Für den Antrag zum Schengen-Visum waren folgende Unterlagen vorzulegen: ausgefüllter und unterschriebener Schengen-Visum-Antrag, gültiger Reisepass (mindestens drei Monate bis nach Ende der Reise gültig und mindestens zwei leere Seiten für ein Visum-Etikett), zwei aktuelle biometrische Passfotos, ein Brief mit Angaben zum Reisezweck, ggf. Einladungsschreiben von

Der Lumphini Park ist der größte Park im Zentrum von Bangkok.

Verwandten, Freunden oder Bekannten (findet die Übernachtung nicht in einem Hotel statt, sondern privat, dann ist ein Einladungsschreiben des Gastgebers notwendig), Nachweis der Unterbringung in Deutschland (ggf. Hotelbuchung, Einladung und Adresse der Gastgeber), Reisedaten anhand eines Einreise- und Rückreisetickets, Nachweis finanzieller Mittel, beispielsweise aktuelle Kontoauszüge. Trägt der Gastgeber die Kosten für Reise und Aufenthalt, ist dies ebenfalls mit geeigneten Dokumenten (Verdienstbescheinigungen) zu belegen und eine entsprechende Verpflichtungserklärung dieser Person einzureichen. Außerdem ist der Vertrag einer Reisekrankenversicherung vorzulegen, ebenso wie die Geburtsurkunde der Kinder, im Original und in deutscher Übersetzung. Darüber hinaus benötigt die Behörde eine Meldebestätigung im Original und in deutscher Übersetzung, Arbeitszeugnisse, Gesundheitszeugnis sowie Führungszeugnis der einladenden Person.

Die Investitionen, die wir bisher getätigt hatten, damit wir heiraten und zusammen leben dürfen, beliefen sich inzwischen auf 3.182 Euro.

Ein Ritual begleitete uns seit geraumer Zeit: Bevor wir die deutsche Botschaft in Bangkok betraten, tranken wir eine Tasse Kaffee im Starbucks an der Rama IV Road. Diese Gewohnheit besaß für uns einen hohen Symbolgehalt.

Mit flauem Gefühl im Magen begaben wir uns zum Botschaftsgebäude und stellten uns in die Schlange der Wartenden. Vor uns stand ein bekannter thailändischer Filmschauspieler, der offensichtlich auch ein Visum für Deutschland benötigte. Natürlich wurde er bevorzugt behandelt und natürlich mussten wir warten, bis wir an der Reihe waren.

Zum ersten Mal begegnete ich nun Herrn Maszyna. Er saß hinter einer Panzerglasscheibe und empfing uns mit wütendem Gesichtsausdruck. Als ich die Unterlagen unter der Scheibe hindurchreichen wollte, erklärte er mir sofort, dass er sie nicht annehmen und das Visum erneut ablehnen würde, genauso wie den Antrag auf einen Sprachkurs. Ich bestand auf der Annahme der Unterlagen, daraufhin warf er einen Kugelschreiber gegen das Panzerglas, in Höhe meines Gesichts. Mit strenger Stimme forderte ich ihn auf, sofort seinen Vorgesetzten zu holen, weil ich mich über sein Verhalten beschweren wollte.

Er erwiderte mit einem süffisanten Lächeln: »Und wenn mein Vorgesetzter der Botschafter wäre?«

»Dann möchte ich mit dem Botschafter sprechen«, sagte ich mit resoluter Stimme.

Mit einem dreckigen Lachen verschwand er in den rückwärtigen Räumlichkeiten.

Machtmenschen legen besonderen Wert darauf, vor anderen überlegen, großartig, einzigartig und unerreichbar dazustehen. Im Mittelpunkt ihres Tuns und Redens stehen immer sie selbst, ihre Ideen und ihre Erfolge. Sie halten sich für »etwas Besseres«, lassen ihr Umfeld dies drastisch spüren und werden deswegen – absolut gerechtfertigt – für arrogant und überheblich gehalten. Dieser Mensch suhlte sich in seiner Machtposition, und die Bundesrepublik Deutschland verleiht solchen Menschen darüber hinaus ein hohes Maß an Macht, weil Beschwerden – wie sich herausstellen sollte – leider oft ins Leere laufen.

Es dauerte nicht lange und eine männliche Person namens Mertens erschien hinter dem Panzerglas. Er nahm den Antrag entgegen, entschuldigte sich aber nicht für das Verhalten dieses Individuums namens Maszyna.

Ich war davon überzeugt, dass Herr Mertens der Vorgesetzte von Herrn Maszyna wäre. Wie sich später in Deutschland aber nach Recherchen herausssstellte, war er lediglich ein Kollege im gleichen Rang. Man kann heute noch in den Internetforen, wie z. B. Nittaya, Beiträge über die Deutsche Botschaft in Bangkok lesen, die sich mit unseren Erfahrungen decken.

Nach dieser unerfreulichen Begebenheit begaben wir uns in Richtung Swissôtel, denn im dortigen Garten sollte ein Fruchtbarkeitsschrein stehen. Den wollte Lilli aufsuchen, um für eine baldige Empfängnis zu bitten. Wenn wir beide noch Kinder haben wollten, dann mussten wir aufgrund unseres Alters jetzt damit anfangen, um noch neues Leben in uns zu erwecken.

Der Lingam-Schrein wurde zu Ehren der bedeutenden hinduistischen Gottheit Shiva errichtet. Das Wort »Lingam« bedeutet einerseits »Zeichen«, andererseits »Symbol Shivas«. Der Schrein der Fruchtbarkeit ist für seine

Holzpenisse bekannt, welche in allen Farben den heiligen Ort schmücken. Einige der phallischen Skulpturen, die rund um den Schrein drapiert sind, weisen über 2 m Höhe auf. Die Holzpenisse sind größtenteils mit Blumen oder farbenprächtigen Schleifen liebevoll geschmückt. Sowohl weibliche als auch männliche Hindus suchen den ungewöhnlichen Schrein auf, um zu Shiva zu beten. Ein Großteil der Frauen bittet hier um Fruchtbarkeit, der Phallus steht aber auch für finanzielles Glück. Um Shiva glücklich zu stimmen oder um ihr Dank zu erweisen, platzieren Gläubige rund um den Schrein Penisse aus Holz oder Stein.

Nachdem wir beide um Fruchtbarkeit gebeten hatten, fuhren wir schnurstracks auf ausdrücklichen Wunsch von Lilli in ein Krankenhaus. Sie wollte mein »Wasser« untersuchen lassen, um festzustellen, ob ich denn überhaupt zeugungsfähig sei. Da ich noch keine Kinder hatte, wusste ich nicht, wie es um meine Zeugungsfähigkeit bestellt war.

Im Krankenhaus beriet sich Lilli zunächst mit der Sprechstundenhilfe und ich sollte einstweilen im Wartezimmer Platz nehmen. Nach einer Weile wurde ich geholt und ins Arztzimmer gebracht. Dort wartete Lilli schon mit einer Ärztin und einer weiblichen Sprechstundenhilfe. Sie steckten die Köpfe zusammen und kicherten. Dann gaben sie mir ein Röhrchen, mit der Bitte, es hinten in einer Ecke des Arztzimmers vollzumachen.

Mein Gesichtsausdruck verwandelte das Kichern der drei Damen in schallendes Gelächter. Nach einer kurzen Pause sagten sie mir, dass ich besagtes Röhrchen mit nach Hause nehmen, es dort füllen und am nächsten Tag wieder mitbringen sollte.

Es stellte sich heraus, dass ich zeugungsfähig war. Wir hatten somit zu verschiedenen Gottheiten gebetet und darüber hinaus auch den wissenschaftlichen Nachweis erbracht. Somit waren wir guter Dinge, dass einer Schwangerschaft nichts mehr im Wege stünde.

Uns blieb genügend Zeit, um Bangkok weiter zu erkunden. Also besuchten wir den Wat Ratchanatda. Der Tempel ist bekannt durch den Loha Prasat (Eisen-Palast), dessen Baustil von der in Thailand üblichen Tempelarchitektur abweicht. Er ist die Replik eines Gebäudes, das König Dutthagamani von Anuradhapura etwa um 150 v. Chr. errichten ließ. Der Loha Prasat erinnert von außen an eine dreistufige Pyramide, ist 36 m hoch und besitzt 37 metallene Chedis, die auf ihrer Spitze einen burmesischen Schirm (Hti) tragen. Das oberste Stockwerk ist als ein Mondop ausgebildet. Innerhalb des Mondops steht ein Schrein mit einem dunklen Gefäß, in dem eine Reliquie Buddhas ruhen soll. In der Mitte des Gebäudes befindet sich ein Treppenhaus mit einer spiralförmigen Wendeltreppe, die in das oberste Stockwerk führt. In den unteren Etagen liegen zahlreiche Meditationszellen.

Ein weiterer Tempel, den wir besichtigten, war der Wat Saket oder »Tempel des Goldenen

Berges«. Er wurde auf dem Golden Mount errichtet. Die Häuser des alten Stadtviertels, in dem dieses Kleinod liegt, sind so niedrig, dass der goldene Chedi auf dem 79 m hohen Tempelberg weithin sichtbar ist. Der Berg ist künstlich aufgeschüttet, das Material stammt vom Unterbau eines früher geplanten, dann aber eingebrochenen Prangs (Tempelturm). Als Schutz gegen Erosion wurde Wat Saket erst im letzten Jahrhundert mit einer weiß gestrichenen Mauer ummantelt.

Eine Treppe mit 344 flachen Stufen windet sich um den Berg bis hinauf zum Gipfel. Am Weg entlang hängen große Gebetsglocken, die wir während des etwas mühsamen Aufstiegs anschlugen. Im Ganzen mussten wir 79 Höhenmeter überwinden. Zwischendurch unterbrachen wir den Aufstieg und rasteten an schattigen Plätzen unter exotischen, üppig blühenden Pflanzen oder an künstlichen kleinen Wasserfällen.

Auf dem Gipfel des künstlichen Hügels steht der goldene Chedi auf einem quadratischen Sockel. Im Inneren des Sockels befindet sich ein kleiner Gebetsraum, in dem Lilli um Beistand bei der Erteilung des Visums sowie um eine rasche Schwangerschaft bat. In einem kleinen Stupa ruht hier eine Buddha-Reliquie aus Indien, eine Gabe der britischen Regierung an König Rama V.

Am späten Nachmittag machten wir uns auf den Heimweg. Unterwegs kehrten wir in einem Streetfood-Restaurant ein und aßen Khao Phad Gung. »Khao« steht für »Reis«, »Pad« bedeutet

»gebraten« und »Gung« ist das Thai-Wort für »Garnelen«.

Khao Pad Gung.

Khao Pad ist vermutlich deswegen so häufig auf den Speisekarten Thailands anzutreffen, weil es sich dabei um ein sehr einfaches und gleichzeitig leckeres Gericht handelt. Man verwendet dazu vorgekochten Reis, am besten vom Vortag. Khao Pad ist also perfekt geeignet, um »Reste« zu verwerten.

Am Abend gingen wir sehr früh ins Bett und ich fiel in einen unruhigen Schlaf, auch bedingt durch die enorme Hitze. Lilli stellte nachts immer die Klimaanlage aus und den Ventilator an, um Strom zu sparen.

Mitten in der Nacht wachte ich auf. Ich ging auf den Balkon und beobachtete das Treiben auf den Straßen, denn Bangkok schläft nie.

Plötzlich kam mir ein Gedanke in den Kopf: Bald würde ich einen thailändischen Reisbauern als Schwiegervater haben. Meine innere Stimme fragte mich: »Bist du verrückt? Ein thailändischer

Reisbauer wird dein Schwiegervater!« Doch dann hörte ich mich sagen: »Na und? Dann ist dein Schwiegervater eben ein thailändischer Reisbauer und es ist gut so.«
Ich hatte alle meine Bedenken beiseite gewischt und konnte in Ruhe weiterschlafen.

Am nächsten Tag fuhren wir zur Thai Red Cross Society, um Blut zu spenden. Ich füllte den Anamnesebogen aus und ein Arzt überprüfte meinen Blutdruck. Er stellte fest, dass meine Werte zu hoch seien. Ich sagte ihm, dass ich eigentlich sehr viel Zeit mit sportlicher Aktivität verbringe. Der hohe Blutdruck sei vielmehr auf eine kürzlich getrunkene Tasse Kaffee und die Aufregung vor meiner ersten Blutspende zurückzuführen. Er meinte daraufhin, ich sollte ein wenig warten, um zur Ruhe zu kommen, dann würde er meinen Blutdruck erneut prüfen. Nach nochmaliger Messung stellte der Arzt fest, dass ich jetzt Blut spenden konnte. Ich lag auf einer Liege und mir wurde mit einer Einwegnadel in die Ellenbeugevene gestochen. Die Blutentnahme dauert im Schnitt fünf bis zehn Minuten, anschließend wird die Punktionsnadel entfernt und ein Pflaster aufgeklebt. Nachdem ich punktiert war, schoss das Blut in kürzester Zeit in den Entnahmebeutel. Das Interessante dabei war, dass mir gegenüber ein Thailänder auf einer Liege lag, der mit geweiteten Augen den Prozess beobachtete. Er befand sich schon seit geraumer Zeit vor Ort und sein Beutel war nur zur Hälfte gefüllt. Also begann er, bei sich mit der Faust zu pumpen, um den Vorgang zu beschleunigen. Vermutlich dachte er, dass bei ihm etwas nicht stimmte. Er wusste ja nicht, dass ich zu hohen Blutdruck hatte.

Sehenswürdigkeiten von Bangkok

Wir besuchten die Snake Farm im Queen Saovabha Memorial Institute Bangkok, das zur Thai Red Cross Society gehört. Gemäß der Broschüre des Instituts gibt es in Thailand mehr als 190 verschiedene Schlangenarten, von denen 61 giftig sind. Importierte Gegenmittel hatten sich als unwirksam herausgestellt, daher wurde dieses Institut am 22. November 1923 von Queen Savang Vadhana eröffnet, der Präsidentin der Thai Red Cross Society.

Ein Ziel der Snake Farm ist es, geeignete Gegengifte für einheimische Giftschlangen zu entwickeln und bereitzustellen. Darüber hinaus leistet das Institut umfangreiche Informations- und Aufklärungsarbeit. Täglich findet im Außengelände eine eindrucksvolle Veranstaltung statt, bei der zahlreiche einheimische Schlangenarten präsentiert werden. Die Mitarbeiter erläutern die Lebens- und Verhaltensweisen der Tiere und demonstrieren den Besuchern, wie man sich bei einer Begegnung mit Schlangen verhalten sollte. Außerdem zeigen sie Merkmale auf, um z. B. giftige von ähnlich aussehenden ungiftigen Exemplaren unterscheiden zu können. Ich würde diese Merkmale bei einem Zusammentreffen mit einer Schlange sicher nicht unterscheiden können, dachte ich bei mir. Im ersten Teil wurden ausschließlich giftige Schlangen präsentiert, unter anderem die spektakulären Kobras und der Gebänderte Krait. Die Mitarbeiter legten dar, wie wahrscheinlich es sei, einer dieser Schlangen zu begegnen. Zudem erfuhr man viele Details zum Beuteschema und zur Wirkungsweise ihrer Gifte. Der zweite Teil gehörte den nicht giftigen Vertretern. Den Abschluss bildeten die ganz großen Exemplare, wie die Netz- oder die Tigerpython. Das Außengelände beherbergt neben der kleinen Arena für die Präsentationen auch einen Teil der Ausstellung. Hier sind Boas, Pythons, Anakondas, Kornnattern, Milchschlangen und Rattenschlangen (Ptyas) zu sehen.

Im Erdgeschoss des Haupthauses befindet sich eine beindruckende Vielfalt an Schlangen, darunter naturgemäß viele Giftschlangen. Im Obergeschoss ist ein Informationszentrum eingerichtet, das die Anatomie, die Lebens- und Verhaltensweisen der Tiere sowie die Wirkung der Gifte erläutert.

Das Thema »Schwangerschaft« beschäftigte Lilli noch eine ganze Weile, und so machten wir uns auf zum nächsten Tempel. Der Wat Traimit, oder auch »Tempel des Goldenen Buddha«, liegt im Bezirk Samphanthawong in der Nähe des Bangkoker Hauptbahnhofs Hua Lamphong.

Dort, wo heute die Yaowarat-Straße in die Traimit-Straße einmündet, wurde im 18. Jahrhundert ein Wat Raad errichtet. Gestiftet von drei

Chinesen hieß der Tempel bis 1939 »Sam Chin« (»Tempel der drei Chinesen«).

Snake Farm im Queen Saovabha Memorial Institute Bangkok.

Die heute größte Attraktion bildet eine Buddha-Statue aus der Sukhothai-Periode. Lange Zeit wusste niemand, dass sie aus Gold bestand.

Die Statue wurde 1935 in den Tempel gebracht. Zuvor befand sie sich im Wat Phrayakrai, der einem Sägewerk weichen musste, im Bezirk Yannawa. Dort hatte sie während der Regierungszeit von König Phra Nang Klao (Rama III.) gestanden, ohne dass man um den materiellen Wert der Statue wusste.

Der goldene Buddha wurde vor über 700 Jahren gefertigt. Danach befand er sich wahrscheinlich im Wat Mahathat in Sukothai. Vermutlich im Jahre 1403 gelangte er nach Ayutthaya, als das Königreich Ayutthaya mächtig genug geworden war, sich Sukhothai untertan zu machen. Zu unbekannter Zeit schuf man einen Gipsmantel um den goldenen Buddha, um dessen Wert zu verschleiern. Er blieb offenbar noch im Wat Mahathat bis zum Beginn der Rattanakosin-Ära. Zu der Zeit ließ König Phra Phutthayotfa Chulalok (Rama I.) über 1.200 Buddha-Statuen aus dem ganzen Land in seine neue Hauptstadt Bangkok bringen. Wahrscheinlich gehörte der Gold-Buddha zu denjenigen Statuen, die zunächst im Wat Phra Chetuphon aufgestellt wurden.

1955 erfolgten umfangreiche Bauarbeiten auf dem Tempelgelände. Infolge dessen sprang der Gipsmantel der Statue auf und pures Gold kam zum Vorschein. Der Buddha ist etwas mehr als 3 m hoch und wiegt rund 5,5 t. Der Sockel besteht zu 4 % aus Gold und der Körper zu 40 – 80 %.

Das 45 kg schwere Gesicht soll aus purem Gold sein.

Ich ließ mir im Wat Traimit ein Horoskop erstellen. Es sagte mir, dass ich schon sehr bald Vater werden würde. Mir würde das Glück zuteilwerden, einen Jungen zu bekommen.

Mit dieser frohen Botschaft fuhren wir zum Flughafen, um Kevin zu verabschieden. Er flog zurück nach Deutschland, während ich vorerst bei Lilli in Bangkok blieb.

Aufgrund der Ereignisse in der deutschen Botschaft waren wir uns nicht sicher, ob Lilli in nächster Zeit ein Besuchsvisum erhalten würde. Daher wechselten wir das Appartement, um Geld zu sparen.

Wir zogen in die Inthamara 51 im Bezirk Din Daeng. Die neue Wohnung befand sich nur ein paar Häuserblocks von der ursprünglichen entfernt. Direkt davor befand sich eine Bushaltestelle, von wo aus wir weitere Unternehmungen in Angriff nahmen.

Wir unternahmen einen Ausflug in den Rod Fai Park in Bangkok. Diese weite Grasfläche im Norden der Stadt war einst ein Golfplatz. Heute nutzen viele den öffentlichen Park, um Fahrrad zu fahren und zu picknicken. Der Radweg ist flach und leicht zu befahren. Fahrräder können neben dem Parkplatz am Eingang gemietet werden, die Kosten hängen vom gewählten Fahrradtyp ab. Ein beliebter Zwischenstopp, egal ob mit dem Fahrrad oder nicht, ist der Bangkok Butterfly Garden. Er beherbergt ein mehrschichtiges Gewächshaus voller Blumen und Schmetterlingen.

Wir mieteten uns zwei Fahrräder und fuhren mit unserer Picknickdecke los. Nach einer Weile hielten wir bei einem Kiosk an, um zu rasten. Ich holte uns zwei Tassen Kaffee und wir nahmen an einem Tisch im Schatten eines großen Baumes Platz. Da der Kaffee sehr heiß war, ließ ich die Tasse noch ein wenig stehen. Kurz bevor ich daran nippen wollte, fiel ein Vogelschiss hinein. Erst jetzt bemerkte ich die vielen Vögel im Baum und wir suchten uns ein anderes Plätzchen.

Unterwegs begegneten wir zwei maskierten Darstellern, die uns einen Flyer für die Must-See-Bühnenshow »Siam Niramit« in die Hand drückten. Einer der beiden offerierte uns einen saftigen Preisnachlass, sodass wir beschlossen, uns die Show anzusehen.

Die berühmte Aufführung zur Kulturgeschichte Thailands findet regelmäßig in Bangkok statt. Dafür erbaute die Stadt sogar ein spezielles Gebäude. Es ist für 2.000 Sitzplätze ausgelegt und die Bühne ist sogar im Guinness-Buch der Rekorde aufgeführt. Bemerkenswerterweise nehmen auch Elefanten an der Show teil.

Im ersten Teil der Inszenierung zeigen die Schauspieler zwei Epochen in der Geschichte des Königreichs: Sukhothai und Ayutthaya. Um das Wesentliche der Vorgänge auf der Bühne zu verstehen, sollte man zumindest ein wenig mit den Ereignissen dieser Zeit vertraut sein.

Der zweite Akt ist religiöser. Er stellt die drei Teile unserer Welt dar: die Hölle, den Himmel und den Feenwald, in dem alle möglichen Fabelwesen leben.

Der letzte Akt ist der thailändischen Moderne gewidmet. Die dramatisierte Show setzt thailändische Feiertage in Szene. Songkran, Loy Krathong und andere Feste werden auf fabelhafte Weise dargestellt. Auf einer großen Bühne entsteht ein künstlicher See und in der Luft fliegen Fabelwesen, die von den talentierten Händen der Dekorateure geschaffen wurden. Spezialeffekte und Dekorationen machen die Must-See-Show noch spektakulärer.

Die Hauptstadt Thailands zählt zu den meistbesuchten Reisezielen weltweit. Aufgrund der günstigen internationalen Flugverbindungen gilt Bangkok als das Tor zu Südostasien. Die Stadt der Engel hat für jeden Geschmack das richtige Angebot. Es gibt unzählige kulturelle Highlights, darunter Tempel, Museen, historische Bauwerke, Ramakien-Aufführungen etc. Wer gerne shoppen geht, kann sich auf wahre Einkaufsparadiese freuen: Siam Paragon, MBK, Siam Discovery, um nur einige zu nennen. Darüber hinaus ist die Stadt bekannt für hervorragendes Streetfood, das mittlerweile auch mit einem Michelin-Stern ausgezeichnet wurde. Zudem ist Bangkok eine der sichersten Weltstädte.

Die Metropole ist laut, heiß, unübersichtlich, anstrengend und schläft nie. Deswegen ist es nicht immer Liebe auf den ersten Blick. Ich jedoch habe mich sofort in diese Stadt verliebt. Ich bewege mich gerne verschwitzt durch die

Gassen, schaue den Handwerkern bei ihrer Arbeit zu oder hole mir eine kühle Erfrischung in einem kleinen Laden um die Ecke. Der Dunst der Garküchen verändert sich ständig und treibt einem das Wasser in den Mund. In den Bussen sind die Fenster während der Fahrt geöffnet. Die Passagiere räumen sofort ihren Sitzplatz, wenn ein Mönch, eine Schwangere oder ältere Mitmenschen den Bus betreten. Die Stadt ist stets in Bewegung, wie ein Ameisenhaufen. Die Lichter in Bangkok gehen nie aus. Nach Sonnenuntergang, wenn die Hitze etwas nachlässt, laden die vielen Parks zum Joggen ein.

Nun waren es nur noch ein paar Tage bis zu meiner Rückreise nach Deutschland. Deswegen bat ich Lilli, mir den dritten der drei heiligen Tempel von Bangkok, den Wat Arun, zu zeigen.
Der Wat Arun ist neben dem Wat Phra Kaeo und dem Wat Pho ein königlicher Tempel ersten Grades. Aufgrund seiner Lage direkt am Flussufer gegenüber der Altstadt und seines erhabenen hohen Tempelturms im Stil der Khmer (Phra Prang) hebt er sich von den vielen buddhistischen Tempelanlagen der Stadt ab. Er gilt als Wahrzeichen von Bangkok. Sein Bild ziert die Zehn-Baht-Münze und das Logo des thailändischen Fremdenverkehrsamtes TAT. Der Prang symbolisiert den mystischen Berg Meru, wie er sich aus der Mitte des Weltmeeres erhebt. In Nischen und an den Wänden der Türme finden sich vielfältige Figuren und Bilder zum Leben Buddhas oder zur hinduistischen

Kosmologie. Auf quadratischem Grundriss erbaut hat der Turm vier Ebenen, die über enorm steile Treppen von allen vier Seiten her erreicht werden können. Auf allen Ebenen lässt sich der Turm umrunden, was spektakuläre Ausblicke ermöglicht. Man sieht über den Chao Phraya und das historische Bangkok bis in die Ferne zur Skyline der modernen Stadt.

Beim Aufstieg wurde Lilli etwas schwindelig und ich ging unmittelbar hinter ihr, damit sie nicht die extrem steilen Treppen hinabstürzte.

Am Abend vor meiner Rückreise begaben wir uns mit Lillis Tante Ba Gun in ein Isaan-Lokal. Dort wurde die traditionelle Musik »Mor Lam« nicht nur gespielt, sondern auch nach ihr getanzt und gelebt. Es ist die Musik der hart schuftenden Arbeiter, der Taxifahrer, Verkäuferinnen und Fabrikarbeiterinnen. Ihnen helfen die Lieder aus der Heimat, die von Heimweh handeln. Sie wecken Erinnerungen an prächtige Reisfelder mit Wasserbüffeln oder erzählen von gebrochenen Liebesversprechen.

Natürlich waren noch drei Arbeitskolleginnen von Ba Gun mitgekommen, denn in Thailand geht man nicht alleine aus. Wir bestellten uns eine Bier-Selbstzapfanlage, die zusammen mit einem Eimer Eis auf dem verbeulten Alutisch aufgestellt wurde.

Aufgrund einer Verfärbung in Lillis Gesicht tippte Ba Gun darauf, dass Lilli schwanger sei. Das würde vielleicht auch den Schwindel erklären.

Wat Arun – der Tempel der Morgenröte.

Ich glaubte jedoch nicht daran, dass man eine Schwangerschaft an einer Gesichtsverfärbung erkennen könnte.

Es erschien ein Travestie-Künstler in kitschigem, bonbonfarbenem Kostüm auf der Bühne. Nun gab es kein Halten mehr. Die Zuschauer einschließlich Lilli und mir begaben sich auf die Tanzfläche. Der treibende, sehr laute traditionelle Khaen-Rhythmus und die anmutigen Thai-Tanz-Körperbewegungen ließen mich in eine Art Ekstase fallen, aus der ich nicht mehr aufwachen wollte.

Abrupt kam die Pause und wir nahmen wieder Platz an unserem Tisch. Kurz darauf bat mich der Travestie-Künstler übers Mikrofon, zu ihm auf die Bühne zu kommen. Ich war der einzige »Farang« im Lokal und er wollte mich begrüßen. Ich jedoch mochte nicht auf die Bühne, ich war eher ein introvertierter Mensch. Also klammerte ich meine Hand um das Amulett von Abt Luang Pho Lai und bat um Beistand. Und siehe da, nach ein paar Sekunden fiel die Mikrofonanlage aus und konnte nicht wieder in Gang gebracht werden. Mein Glaube an übernatürliche Kräfte, die diesen Amuletten zugeschrieben werden, wuchs mit dieser Begebenheit und wurde mehr und mehr Teil meines Lebens.

Lilli brachte mich am nächsten Tag zum Flughafen und wir mussten erneut Abschied voneinander nehmen. Noch immer lag keine Nachricht von der deutschen Botschaft in Bangkok vor. Diesmal nahm Lilli den Abschied weniger schwer, da ich ihr versicherte, dass ich in sechs Wochen wiederkommen würde.

Heimweh nach der Fremde

Nach der Ankunft in München und einer zweistündigen Autofahrt kam ich spät abends in meinem Heimatort an. Ich fuhr auf der Hauptstraße durch die menschenleere Stadt, die schwach beleuchtet war, und mich überkam eine bis dahin nie erlebte depressive Stimmung. Ich wollte sofort wieder umkehren, um nach Bangkok zurückzufliegen.

Nach ein paar Tagen kehrte der Alltag zurück und die depressive Grundstimmung verschwand. Lilli rief mich jeden Morgen an und am Abend konnten wir uns über den »Live Messenger« austauschen. Diese Technik erleichterte die physische Trennung. Um über die thailändische Kultur mehr in Erfahrung zu bringen, kaufte ich mir Bücher darüber und verschlang diese regelrecht.

Dann kam der schönste Moment in meinem Leben. Eines Morgens weckte mich Lilli telefonisch und eröffnete mir, dass sie schwanger sei. Ich behielt diese Neuigkeit zunächst für mich.

Am Abend traf ich mich mit Kevin und Pavel zum Essen. Als wir die Straße entlanggingen, sagte ich zu ihnen: »Ihr könnt mir gratulieren, ich werde Vater.«

Pavel drückte mich mit ehrlicher Freude, doch aus Kevins Mund war zu vernehmen: »Ich kann mich gar nicht mit dir freuen.« Ich schaute ihn mit fragendem Blick an und glaubte, er machte einen Scherz. Doch es war keiner. Er meinte es wirklich so und versuchte, sich noch zu erklären. Seine Worte drangen jedoch nicht mehr in meinen Kopf.

Schon seit Längerem erlebte ich bei Kevin Neid- und Eifersuchtsgefühle mir gegenüber. Ich distanzierte mich in den nächsten Wochen von den beiden und ging auch nicht mehr mit ihnen essen.

Natürlich benötigte Lilli jetzt noch mehr Geld, um die regelmäßigen Arztbesuche bezahlen zu können. Meine finanzielle Situation verschärfte sich dadurch um ein Vielfaches. Ich war jetzt nicht mehr in der Lage, Heizöl für den Winter zu bestellen. Somit konnte ich meine Wohnung nicht heizen. Also kniete ich mich eines Morgens vor mein Bett und betete zu einem Kruzifix, das sich in meinem Schlafzimmer an der Wand befand. Ich bat darum, dass dieser Winter bitte sehr mild werden sollte.

Der Winter wurde mild und ich überstand ihn mit einer Decke, die ich mir jeden Abend um die Schultern hing. Das warme Wasser für die tägliche Körperpflege bereitete ich mir im Wasserkocher. Die Benzinkosten waren zu dieser Zeit so hoch, dass ich einen großen Teil meines noch übrigen Gehalts für die täglichen Fahrten zur Arbeit verbrauchte. Damit war das Geld für die Nahrungsaufnahme so knapp, dass ich meine Chefin fragte, ob ich denn einen Karton der Lebkuchen haben könnte, die sich im Keller befanden. Sie waren als Kundengeschenke für

Weihnachten gedacht. Meine Chefin wollte mir Geld geben, doch dafür war ich zu stolz. Ich erwiderte, dass mir ein Karton Lebkuchen schon sehr helfen würde. Ohne Zögern übergab sie mir einen und ich war ihr sehr dankbar dafür.

Lilli freute sich so sehr über die Schwangerschaft, dass sie für eine Woche in ein thailändisches Kloster ging, um an einem Kurs teilzunehmen. Die Ruhe eines buddhistischen Klosters spendet neue Energie und Kraft. Es ist eine Art Auszeit aus dem stressigen alltäglichen Lebensrhythmus. Während der ersten Tage lernen die Teilnehmer, richtig zu atmen und den Atem zu betrachten. Danach wird Stück für Stück die Meditation gelehrt. Den Abschluss des Kurses bildet eine Übung zur Entwicklung liebender Güte. Zudem verpflichtet sich jeder Teilnehmer, die Klosterregeln einzuhalten. Das heißt, keiner darf für die Dauer des Aufenthalts das Gelände verlassen. Es gilt, zu schweigen, nicht zu schreiben, nicht zu lesen und Aktivitäten zu unterlassen. Das Tragen von weißen Kleidungsstücken ist dabei Pflicht. Der Tag beginnt um 4 Uhr morgens und endet abends zwischen 21 und 22 Uhr. Es gibt nur vegetarisches Essen.

Natürlich hatte ich in dieser Woche keinen Kontakt zu Lilli. Also nutzte ich die Zeit und schrieb einen Brief in englischer Sprache an Xanana Gusmão.

Kay Rala Xanana Gusmão war von Mai 2002 bis Mai 2007 der erste Präsident Osttimors nach der indonesischen Besatzungszeit. Ab 2007 war er Premierminister des Landes. Lilli hatte in der

Vergangenheit als persönliche Massagethera-peutin für ihn und seine Familie gearbeitet.

In meinem Brief erläuterte ich ihm den Sach-verhalt und bat ihn um Hilfe bei der Erteilung eines Visums für Lilli durch die deutsche Botschaft in Bangkok. Allerdings wusste ich nicht, ob er mein Schreiben je erhalten würde, da ich keine Postanschrift von ihm hatte.

Ich richtete den Brief nach Dili – der Hauptstadt und wirtschaftlichem Zentrum Osttimors. Auf die Vorderseite des Umschlags klebte ich ein Foto von ihm und Lilli. Dazu malte ich einen dicken Pfeil, der auf ihn zeigte.

Mit dem Brief begab ich mich zur nächsten Postfiliale, die sich in unmittelbarer Nähe des Bahnhofs befand. Ich betrat das Gebäude und schritt zum Schalter. Dahinter stand ein Postbeamter und ich erklärte ihm mein außer-

148

gewöhnliches Unterfangen. Er ermutigte mich begeistert zum Aufgeben dieses Briefes und meinte, ich müsse es auf jeden Fall probieren. Dabei wünschte er mir viel Glück.

Verzweifelte und ungehörte Hilferufe

Ein weiteres Mal schrieb ich eine E-Mail an Herrn Maszyna. Darin informierte ich ihn über die bestehende Schwangerschaft von Lilli und gab eine Vaterschaftsanerkennung ab. Ich verwies auf die »Gemeinsame konsularische Instruktion an die diplomatischen Missionen und die konsularischen Vertretungen, die von Berufskonsularbeamten geleitet werden« – ein Amtsblatt der Europäischen Gemeinschaften, das heißt: die Bibel für die Erteilung von Visa.

Dabei erläuterte ich Herrn Maszyna, was er selbst am besten wissen sollte, nämlich dass bei der Entscheidung über den Antrag für ein Besuchsvisum insbesondere auch die <u>persönlichen und humanitären Belange</u> des Antragstellers zu berücksichtigen sind. Zudem sind die Sicherheitsinteressen Deutschlands und der Schengen-Partner sowie die Prognose der Auslandsvertretung zur »Rückkehrbereitschaft« und »Rückkehrmöglichkeit« des Reisenden zu beurteilen.

Ich stellte ihm die Frage: »Welchen Grund sollte die von mir schwangere Frau Butchanon haben, in die Illegalität zu verschwinden, und welche Gefahr für die Schengen-Staaten geht von ihr aus?«

Immer noch war ich in dem Glauben, dass Herr Mertens der Vorgesetzte von Lars Maszyna war. Da Mertens sich derzeit im Urlaub befand, schrieb ich eine E-Mail an den Botschafter Dr. Christoph Brümmer persönlich. Darin rügte ich das unkorrekte Verhalten, welches der Konsularbeamte Maszyna an den Tag gelegt hatte.

Da eine Dienstaufsichtsbeschwerde keinen formellen Vorschriften unterliegt, reicht eine schriftliche Benachrichtigung vollkommen aus. Ziel der Dienstaufsichtsbeschwerde ist, die Veranlassung dienstaufsichtsrechtlicher Maßnahmen gegen den betreffenden Beschäftigten einzuleiten. Grund ist vor allem, dass der Beamte eine Dienstpflicht missachtete.

Zwei Tage nach diesem Schreiben erhielt Lilli die Ablehnung des zweiten Visumantrags, unter anderem mit folgender Begründung:

»Im Übrigen bekräftigt Herr Rößler im Schreiben vom 29.10.2007, in welchem er über das gemeinsame Kind informiert, welches Sie mit Herrn Rößler erwarten, die Zweifel der Botschaft an Ihrer Rückkehrbereitschaft nach Thailand.«

Nach weiteren zwei Tagen kam die Antwort des Botschafters, Dr. Christoph Brümmer, mit folgendem Wortlaut:

»Für Ihr Schreiben vom 27.10.2007, in dem Sie sich für ein Visum für Ihre Verlobte Butchanon einsetzen, danke ich Ihnen.

Es ist nicht immer ganz einfach, zu verstehen, weshalb die Botschaft in dem einen oder anderen Fall ein Visum nicht erteilen kann. In so gut wie keinem dieser Fälle liegt der Grund bei dem Gastgeber in Deutschland.

Die Botschaft unterliegt hinsichtlich der Schengen-Visa-Vergabe bindenden Vorschriften des Gesetzgebers, die darauf abstellen, die Rückkehrbereitschaft und in diesem Zusammenhang neben der wirtschaftlichen auch die familiäre Verwurzelung eines Antragstellers im Herkunftsland zu prüfen. Ebenso wird der Aufenthaltszweck geprüft. Dies geschieht in jedem Einzelfall, wie ich Ihnen versichern kann, sehr sorgfältig. Wie ich Ihrem Schreiben nun entnehme, erwarten Sie ein gemeinsames Kind und planen eine Eheschließung im Frühjahr/-Sommer 2008. Geplanter Lebensmittelpunkt wird offenbar Deutschland sein.

Ein Schengen-Visum konnte die Botschaft im Fall Ihrer Verlobten nicht erteilen, setzt doch die Erteilung eines Schengen-Visums eine gewährleistete Rückkehr nach Thailand voraus.

Ich empfehle, dass Ihre Verlobte zweckmäßigerweise einen Langzeitvisum-Antrag zwecks Eheschließung stellt. Bei einem Langzeitvisum wird keine Rückkehr nach Thailand vorausgesetzt. Seit dem 28. August 2007 verlangt der Gesetzgeber allerdings einfache Deutschkenntnisse vor der Einreise. Ausführliche Informationen entnehmen Sie bitte dem beigefügten Merkblatt.

Wie Sie sehen, ist grundsätzlich eine Visumerteilung möglich, wenn der richtige Antragsweg (Langzeitvisum) gewählt wird und die inzwischen geltenden Voraussetzungen (Grundkenntnisse der deutschen Sprache) erfüllt sind.

Ich hoffe, Ihnen mit dieser Antwort geholfen zu haben.«

Unser lieber Botschafter, der zweifelsfrei der Vorgesetzte des Beschäftigten Maszyna war, hätte als Dienstaufsicht bei entsprechendem Verhalten die notwendigen Maßnahmen ergreifen müssen. Wie man unschwer erkennen kann, geht er in diesem Schreiben auf die Dienstaufsichtsbeschwerde nicht ein.

Die bereits erwähnte Bibel für Visaangelegenheiten sagt dazu Folgendes:

<u>Wesentliche Kriterien für die Prüfung des Antrags</u>: Es sei daran erinnert, dass bei der Bearbeitung von Visumanträgen folgende wesentliche Punkte zu beachten sind: die Sicherheit der Schengener Vertragsparteien, die Bekämpfung der illegalen Einwanderung sowie andere Aspekte der internationalen Beziehungen.

<u>Entscheidungsverfahren</u>: Die Auslandsvertretung entscheidet auf der Grundlage aller ihr zur Verfügung stehenden Informationen und unter Berücksichtigung der konkreten Situation jedes Antrags.

Entgegen der Auführungen unseres lieben Botschafters wäre es unter Berücksichtigung der einschlägigen wesentlichen Kriterien für die Prüfung des Visumantrags somit sehr wohl möglich gewesen, der Antragstellerin ein Besuchsvisum zu erteilen, insbesondere unter Beachtung der <u>humanitären Belange.</u>

Lieber Leser, Sie können sich anhand der einschlägigen Vorschriften hierüber nun selbst ein Urteil bilden.

Aufgrund mangelnder Anerkennung werden arrogante Machtmenschen natürlich ungeachtet jeglicher sachlicher Argumente alles tun, um ihr Ziel zu erreichen. Auch nimmt ein Machtmensch geflissentlich in Kauf, dass die Zielsetzung moralisch falsch ist.

Zudem wurde bis dahin kein einziges Schreiben beantwortet, das ich an Herrn Maszyna gerichtet hatte. Daher ist folgender Sachverhalt für sich alleine schon Erklärung genug:

Ich verfasste eine weitere E-Mail an Herrn Maszyna und verwies auf eklatante Fehler in dem von ihm verfassten Ablehnungsbescheid. Da ich dabei seine Größe und Einzigartigkeit infrage stellte, verwunderte es nicht, dass dieser offensichtliche Machtmensch mir unverzüglich antwortete:

»Sehr geehrter Herr Rößler, der Fehler ist bedauerlich. Es hätte heißen müssen: durch die deutsche Botschaft Prag. Dies ist jedoch unerheblich für die Ablehnung des Visums.«

Lilli übermittelte mir Bilder von ihrer Teilnahme am Fest Loi Krathong. »Loi« bedeutet »schwimmen« oder »schweben«, »Krathong« ist ein kleines Floß, das typischerweise aus einem Teil des Strunks der Bananenstaude gefertigt wird. Zusätzlich wird es mit Bananenblättern, Blumen, Kerzen und optional Räucherstäbchen geschmückt. Die schwimmenden Flöße sollen helfen, Ärger, Groll und alle Verunreinigungen der Seele loszulassen, um das Leben von einer besseren Situation aus neu zu beginnen.

Die Thais feiern das Fest mit Verwandten oder einer größeren Gruppe von Freunden. Wie bei einem Volksfest wird auf den Straßen reichlich gegessen und getrunken. Das Wässern der Flößchen ist besonders bei jungen Paaren beliebt, die damit ihre Zusammengehörigkeit unterstreichen.

Lillis Bilder lenkten mich etwas ab, dennoch suchte ich im Internet weiter nach Informationen. Ich entdeckte einen Artikel des Staatssekretärs Gerd Hoofe: »Starke Familien sichern Wachstum und Wohlstand«. Dort stand geschrieben: »Investitionen in Familienfreundlichkeit sind Investitionen, die sich für alle lohnen, für die Familien, die Unternehmen und für die gesamte Gesellschaft.«

Diesen Artikel nahm ich zum Anlass, der damaligen Bundesministerin für Familie, Senioren, Frauen und Jugend, Frau Dr. Ursula von der Leyen, eine E-Mail zu schreiben. Wie schon so oft in dieser Zeit berichtete ich von meiner bevorstehenden Hochzeit mit einer von mir schwangeren Thailänderin und den damit verbundenen abgewiesenen Visaanträgen. Ich schrieb ihr, wenn sie auch meiner Meinung sei, dass dies nicht den Grundsätzen einer familienfreundlichen Gesellschaft entspricht, dann solle sie sich bitte für uns und unsere Belange einsetzen.

Loi Krathong in Bangkok.

Nach etwa vier Wochen erhielt ich eine Antwort aus dem Büro der Ministerin mit folgendem Inhalt:

»Für Ihr Schreiben vom 21. November 2007 an Frau Bundesministerin Dr. Ursula von der Leyen danke ich Ihnen. Frau Ministerin hat mich beauftragt, Ihnen zu antworten.
Zuständig für Ihre Fragen ist innerhalb der Bundesregierung das Auswärtige Amt, an das ich Ihr Schreiben weitergeleitet habe. Ich gehe davon aus, dass Sie von dort weitere Nachricht erhalten werden.«

In guter Hoffnung

Bald darauf bekam ich einen sehr erfreulichen Anruf von Lilli. Der Arzt hatte bei einer Ultraschalluntersuchung festgestellt, dass ein weiterer Embryo vorhanden war. Das bedeutete: Zwillinge. Ich war sehr aufgeregt und konnte mein Glück kaum fassen, weil wir ohnehin mehrere Kinder wollten.
Ein paar Tage später eröffnete Lilli mir bei einem weiteren Telefongespräch, dass ein dritter Embryo entdeckt wurde. Die gesamte Ärzteschaft hatte sich um sie versammelt, weil Drillinge sehr selten sind.
Das allerdings bedeutete für uns eine noch größere Herausforderung. Doch ich machte Lilli Mut und gab ihr Zuversicht für die kommende Zeit. Ich versprach ihr, dass ich sie bald in Thailand besuchen würde und dass ich nichts

unversucht lassen würde, ein Visum für sie zu bekommen.

Meine Wut auf den deutschen Staat, auf seine Beamten, deren Unmenschlichkeit und Empathielosigkeit, steigerte sich von Tag zu Tag.

Meinen Verpflichtungen für diesen Staat war ich immer nachgekommen. Ich hatte meine Wehrpflicht absolviert und war in Anerkennung der um das PzGrenBtl 122 erworbenen Verdienste mit der Ehrennadel des Bataillons ausgezeichnet worden.

Lilli und ich besaßen ein tadelloses polizeiliches Führungszeugnis und wir stellten keine Gefahr dar für die Sicherheit der Schengener Vertragsparteien. Eine illegale Einwanderung wäre aufgrund der bereits erhobenen Daten und der vorhandenen Schwangerschaft gar nicht möglich gewesen.

Eine wichtige Legitimationstheorie der Demokratie gründet auf dem Ideal einer »Volksherrschaft«, die auf der Zustimmung und Mitwirkung aller Bürger beruhen sollte. Theoretisch kann man eine Begründung dafür in folgender Überlegung suchen: Die Ordnung der politischen Gemeinschaft sollte sich auf Gerechtigkeit gründen. Die letzte Grundlage, zu der alles Bemühen um Gerechtigkeitseinsicht vordringen kann, ist das, <u>was das individuelle Gewissen nach bestmöglichem Vernunftgebrauch für gut und gerecht befindet.</u>

Daher gilt jeder als eine dem anderen gleich zu achtende moralische Instanz, wie Kant feststellte. Dies führt »für den Bereich des Staates und des

Rechts zu dem demokratischen Anspruch, dass alle in einem freien Wettbewerb der Überzeugungen auch über die Fragen des Rechts und der Gerechtigkeit mitbestimmen und mitentscheiden sollten«.

Diesen Gedanken folgend gilt heute die Demokratie im westlichen Verständnis als einzig mögliche Legitimation der sozialen Ordnung. Oft wird dabei Demokratie kurzerhand mit Rechtsstaatlichkeit gleichgesetzt, obwohl sie staatstheoretisch nicht notwendigerweise mit dieser verbunden ist.

Die Tragödie nahm ihren Lauf

Dann kam jener Tag, der mein Weltbild für immer zum Einsturz bringen sollte. Ich erhielt seltsamerweise keinen morgendlichen Anruf von Lilli und ging schon mit gemischten Gefühlen in die Arbeit. Dort begegnete ich Kevin, der mir ganz betreten erklärte, dass Gung ihn angerufen hätte und dass etwas passiert sei. Lilli musste ins Krankenhaus gebracht werden.

Mir schnürte es den Hals zu und meine Sorgen um Lilli wuchsen ins Unermessliche. Diese Hilflosigkeit, nichts tun zu können und nur zu warten, auf einen Anruf, eine E-Mail, irgendeine Nachricht, war entsetzlich.

Die Stunden vergingen und ich lief unruhig hin und her. An Arbeit war nicht mehr zu denken, ich konnte keinen klaren Gedanken fassen. So verging der Tag und ich fuhr schließlich nach Hause. Ich irrte im Haus umher, bis auf einmal das Telefon klingelte und ich einen Anruf von Lilli erhielt.

Sie weinte und erzählte mir, dass sie auf der Toilette gewesen sei und auf einmal angefangen hätte zu bluten. Gung brachte sie mit einem Taxi sofort ins Krankenhaus. Im Taxi verlor sie so viel Blut, dass sie fast bewusstlos wurde. Sie erinnerte sich nur noch an ein Licht über ihr, als sie auf der Bahre lag und man sie auf die Intensivstation brachte. Als sie wieder zu sich kam, erklärten ihr die Ärzte, dass sie eine Bluttransfusion erhalten und eine Fehlgeburt erlitten hatte.

Minutenlang weinten und trauerten wir gemeinsam. Dann kam diese unbändige Wut in mir hoch, auf diesen Haufen unbarmherziger Bürokraten, denen ich nun mehr denn je die Pestilenz an den Hals wünschte. Unter Tränen schrieb ich dem deutschen Botschafter in Thailand eine Nachricht mit folgendem Inhalt:

»Sehr geehrter Herr Dr. Brümmer, vergangene Nacht verstarben unsere ungeborenen Kinder aus unerklärlichen Gründen im Mutterleib. Das hat nichts damit zu tun, dass die Mutter in der Schwangerschaft irgendetwas ›falsch‹ gemacht hätte. Es lag auch nicht an der medizinischen Sorgfalt. Hierfür gibt es mannigfaltige Gründe – ein Grund dafür kann auch seelischer Stress sein. Jedenfalls hatte ich nicht die Gelegenheit, auch nur einmal den Bauch der Mutter zu streicheln. Geschweige denn, dass meine ungeborenen Kinder einmal meine Stimme gehört hätten. Für meine zukünftige Frau war es ein Schock, auf dem Ultraschallbild anstatt eines munteren Fötus ein stilles, unbewegtes Standbild sehen zu müssen. Auch in dieser Situation konnte ich meiner zukünftigen Frau nicht beistehen. Es gibt mehrere Ordnungen, denen wir unterstehen, vieles können wir uns nicht aussuchen. Ich bitte Sie, sollte Sie noch mal ein Vater um Hilfe bitten, eine menschliche Entscheidung zu treffen und nicht eine bürokratische.

›Immer dort, wo Kinder sterben, werden Stein und Stern und so viele Träume heimatlos.‹ (Nelly Sachs)«

Natürlich bekam ich keine Antwort. Ich erwartete auch keine von diesen unmenschlichen, unbarmherzigen und empathielosen Individuen, die nicht nach ihrem individuellem Gewissen und bestmöglichem Vernunftgebrauch entscheiden, sondern lediglich profanen Machtmissbrauch begehen.

Am nächsten Tag in der Arbeit kam Kevin auf mich zu und wollte mir sein Beileid zum Ausdruck bringen. Ich schlug seine Hand weg und sagte ihm, er solle verschwinden. Ganz verdutzt schaute er mich an, um dann beleidigt wegzulaufen. Seine Scheinheiligkeit konnte ich in dieser Situation nicht ertragen.

Ich besprach mich mit meiner Chefin zwecks einer sofortigen Reise nach Thailand. Sie gab mir ein verschlossenes Kuvert für Lilli mit auf den Weg und ich buchte sofort einen Flug nach Thailand. Ich bekam ein Ticket bei Egypt Air von München nach Bangkok mit Zwischenstopp in Kairo. Den Aufenthalt in Kairo nutzte ich, um für Lilli ein Geschenk zu kaufen. Bei einem Juwelier fand ich einen Anhänger der Königin Nofretete aus 24 Kt/999 Gelbgold, der mir sehr gefiel und den ich für sie kaufte. Doch ich wusste: Egal was ich mitbrachte, es konnte den Schmerz und den Verlust nicht im Geringsten wettmachen.

Neben mir im Flugzeug saß ein libanesischer Geschäftsmann und er fragte mich, ob ich nachher schlafen würde. Ich verneinte und erklärte ihm, dass ich noch nie im Flugzeug hätte schlafen können. Das beruhigte ihn, denn er wollte eine Schlaftablette nehmen und bat mich darum, ihn zu wecken, wenn wir in Bangkok ankamen.

Das Bordprogramm hatte nur einen Film parat, der in einer Endlosschleife immer wieder von vorne anfing. Also hing ich meinen Gedanken nach und fieberte der Ankunft entgegen, weil ich meine Lilli endlich in die Arme nehmen wollte.

Der Weg durch das Flughafengebäude erschien mir endlos. Ich ging durch die Sicherheitskontrolle und nahm den Koffer auf dem Gepäckband entgegen. Dann begab ich mich zum Ausgang.

Eine einsame rote Rose

Dort stand sie mit lachendem und weinendem Blick und einer einsamen roten Rose in der Hand, die sie mir vor der Umarmung überreichte. Ich konnte nicht aufhören, sie zu drücken, und so verharrten wir in dieser Position für einen endlosen Augenblick und weinten leise.

Diese Rose habe ich getrocknet und aufbewahrt, als Symbol für die Liebe und gegen die

161

Vorurteile der sogenannten »besseren Gesellschaft«. Wir hörten nicht auf, gemeinsam gegen alle Widrigkeiten zu kämpfen.

Als wir im Appartement angekommen waren, löste sich bei Lilli der unbändige Schmerz der letzten Tage. Sie fing an zu weinen und konnte nicht mehr aufhören. Ich saß nur da und hielt sie ohne Worte in meinem Arm. Schließlich kam ein Satz aus ihrem Mund: »Warum kann ich dich nicht in Deutschland besuchen?«

Ihre Worte lösten in mir eiskalte Wut auf diesen Herrn Maszyna aus. Wenn ich diesem negativen Abbild eines Menschen in diesem Moment begegnet wäre, hätte ich ihn ohne Zögern mit bloßen Händen erwürgt.

Solch ein rasendes, unbarmherziges und überwältigendes Gefühl hatte ich in meinem bisherigen Leben noch nicht erfahren. Es dauerte Jahre, bis dieses Gefühl gänzlich verschwunden war. Jahrelang verfolgte ich über Internet-Plattformen die Karrierestationen des Herrn Maszyna, um ihn vielleicht irgendwann zur Rechenschaft zu ziehen.

Wir hatten eine Einladung zu einer Hochzeit erhalten und fuhren am nächsten Tag dorthin. Es war eine kleine Ablenkung, die sehr hilfreich war, damit meine Gedanken nicht immer um dasselbe Thema kreisten. Bei der Feier trafen wir Gung und Kevin, der zwischenzeitlich ebenfalls nach Thailand gekommen war. Zwischen uns beiden herrschte Eiszeit, und das war für mich auch gut so. Er raubte mir in letzter Zeit einfach nur Energie.

Zum ersten Mal war ich mit einem Brauch konfrontiert, der sich »Brautgeld« nannte. In Thailand ist es üblich, dass der Bräutigam den zukünftigen Schwiegereltern und damit der Familie der Angebeteten ein Brautgeld zahlt. Es dient als Absicherung oder Aufwandsentschädigung für den Verlust einer Arbeitskraft und wird dort als völlig normal angesehen.

Zudem gibt es in Thailand keine Alters- bzw. Rentenzahlungen des Staates. Das Überleben der Eltern regeln ausschließlich deren Kinder. Außerdem hat man über die Jahre viel Geld in die eigene Tochter investiert und will für die Kosten und Mühen entlohnt werden. Wir sind es in Europa eher gewohnt, dass der Brautvater seiner Tochter eine Aussteuer mit in die Ehe gibt.

In Thailand besitzt der Brauch des Brautgelds auch eine symbolische Bedeutung: Die Zahlung zeugt von Respekt gegenüber der Familie der Braut. Hoch angesehen ist derjenige, der Geld hat. Materielle Werte spielen eine ganz andere Rolle, als wir es in Europa gewohnt sind.

Zusätzlich zum Brautgeld ist es üblich, Goldschmuck zu überreichen. Die Gattin bekommt eine Goldkette um den Hals gelegt, ein klassisches Brautgeschenk in Thailand. Brautgeld und Goldschmuck werden nicht selten in Anwesenheit des ganzen Dorfes und aller Hochzeitsgäste überreicht. Reichtum verleiht der Familie in Thailand ein Gesicht. Daher soll auch jeder sehen, welche Geld- und Goldgeschenke der Bräutigam überreicht. Dabei wird Schein für Schein gezählt, was entsprechend lang dauern kann, denn der Tausend-Baht-Schein (ca. 27,50 €) ist der »größte« Geldschein in Thailand.

Nach der Hochzeit fuhren wir wortlos in unser Appartement in der Soi Inthamara. Am nächsten Morgen machte mir Lilli ein Frühstück: goldgelbe, süße Mangos mit Klebreis. Dieser Dessertklassiker aus Thailand wird mit einer sahnigen Kokossauce serviert. Obendrauf streut man geröstete Mungbohnen, die dem Ganzen eine knusprige Textur verleihen. Es ist das Lieblingsdessert der Thais. Während der Erntezeit der Mangos, vor Beginn der Regenzeit im April und Mai, ist es auch in den Straßenküchen erhältlich. Der Klebreis wird in

Thailand süß gegessen, ähnlich zu unserem Milchreis.

Nach dem Frühstück fuhr Lilli mit mir in das Messezentrum Impact Mueang Thong Thani, um eine Kunsthandwerksmesse zu besuchen. Dort sollte ich die Kultur Thailands noch besser kennenlernen und verstehen.

Das Kunsthandwerk besticht durch seine besonders schönen, kreativ gestalteten, ausgefallenen und oft nur als Einzelstücke oder in kleiner Serie angefertigten Produkte. Die handwerklichen Herstellungstechniken und die Funktionalität des Produktes sind hier stärker gewichtet als beim reinen Kunstwerk, das eher für sich selbst steht. Typische Kunsthandwerker sind Gold- und Silberschmiede, Keramiker, Weber, Holzbildhauer, Glasbläser, Instrumentenbauer und viele mehr. Kunsthandwerk hat einen starken regionalen Bezug. Im Messezentrum Impact Mueang Thong Thani wurden daher Kunst und kulinarische Köstlichkeiten aus allen Landesteilen Thailands präsentiert. Zudem gab es ein Rahmenprogramm mit traditioneller Musik und Tänzen aus verschiedenen Regionen. Auch konnten kunsthandwerkliche Produkte, die zusammen mit der Kunst ausgestellt waren, käuflich erworben werden.

Am nächsten Tag gingen wir zum Goethe-Institut, um Lilli für den Sprachkurs »Start Deutsch 1« anzumelden, denn der Nachweis über Grundkenntnisse der deutschen Sprache war Voraussetzung für die Visumerteilung zum

Zwecke der Eheschließung. Das Goethe-Institut befand sich in der Sathorn Road, in unmittelbarer Nähe der deutschen Botschaft. Ich dachte bei mir: Ein perfektes Geschäftsmodell – wie viel Geld machen die beiden Institutionen eigentlich damit?

Im August 2007 trat das 2. Änderungsgesetz zum Zuwanderungsgesetz in Kraft. Demnach wird thailändischen Staatsbürgern eine Aufenthaltserlaubnis zum Zwecke der Eheschließung in Deutschland (Heiratsvisum) bzw. des Ehegattennachzuges nach erfolgter Heirat in Thailand (Familienzusammenführung) nur dann erteilt, wenn (neben den geforderten Unterlagen) ein Nachweis über Grundkenntnisse der deutschen Sprache in Form des A1-Zeugnisses (Start Deutsch 1) erbracht werden kann.

Wir bekamen die erforderlichen Antragsunterlagen mit und uns wurde ein verbindlicher Kursstart im Januar 2008 zugesagt. Im Garten der Anlage saßen ein paar Schülerinnen und Schüler, die Deutsch büffelten. Lilli gesellte sich zu ihnen und tauschte sich mit ihnen aus. Ich bewunderte ihren Enthusiasmus und die Art, wie sie die Dinge anpackte.

Am nächsten Tag unternahmen wir einen Ausflug mit Gungs Cousine und deren Familie in den Rod Fai Park. Lilli erzählte mir, dass sie während der Schwangerschaft sehr viel Zeit in diesem Park verbracht hatte. Sie hatte dabei von einer gemeinsamen Zukunft in Deutschland mit unseren drei Kindern geträumt, Nüng, Soong und Saam.

Da war sie wieder, diese Wut auf ein »Regime«, das undemokratische Formen annimmt, indem eine Person oder eine Gruppe von Personen ihre Macht behauptet und durchsetzt. Denn was das individuelle Gewissen nach bestmöglichem Vernunftgebrauch für gut und gerecht befindet, wurde in unserer Situation in keinster Weise berücksichtigt.

Ich saß auf einer Picknickdecke und beobachtete die Menschen um mich herum. Sie saßen in Gruppen auf großen klappbaren Matten und schnatterten, lachten und genossen die Gerichte, die sie von einem Straßenverkäufer oder Imbissstand geholt hatten. Die Idee, sich während eines Essens in Thailand nur einen Gang zu gönnen, ist einfach lächerlich. Die Einheimischen genießen ihre Küche im Familienstil, mit Mahlzeiten, die oft aus drei, vier oder mehr Gängen bestehen. Als ich meinen Blick schweifen ließ, sah ich Lilli, wie sie auf ihrer Decke ein Übungsheft in deutscher Sprache ausfüllte, im Schneidersitz nach vorne gebeugt. Ich war überrascht, dass sie die Situation mit einer derart liebevollen Annahme und vermutlich auch Vergebung meistern konnte.

Meine Emotionen kamen hingegen nicht zur Ruhe. Emotionen im hier gemeinten Sinne sind solche, die auftauchen, haften bleiben und nicht verschwinden. Wie war sie mir doch überlegen. Mir fiel es schwerer, mich damit abzufinden, dass die Dinge anders liefen, als ich es mir vorstellte. Es war eine Tatsache, dass alle Ereignisse ausnahmslos geschahen, weil gewisse Umstände vorlagen und ich sie nicht ändern konnte.

Dass solche Emotionen auftreten, ist im Alltag kaum zu vermeiden. Es geht auch nicht darum, sie zu blockieren. Das Geheimnis liegt vielmehr darin, sich nicht »mitreißen zu lassen«, sich nicht von ihnen aus dem Gleichgewicht und durcheinanderbringen zu lassen.

Weihnachten in der Ferne

Der nächste Tag war Heiligabend, der 24. Dezember 2007. Ich platzierte eine kleine klappbare Krippe, die ich aus Deutschland mitgebracht hatte, auf unserem Esstisch im Appartement. Dort drapierte ich wirkungsvoll das Kuvert meiner Chefin und das Geschenk, das ich aus Kairo mitgebracht hatte, um Lilli eine kleine Freude zu bereiten. Ich erklärte ihr den in Deutschland üblichen Weihnachtsbrauch inklusive Bescherung am Heiligen Abend.

Das Überreichen der Geschenke während des Tages war in meiner Kindheit nicht üblich. Vielmehr sollte das Weihnachtsgeheimnis gehütet werden, um die Freude bei der Bescherung noch zu vergrößern. Also legten die Eltern oder Verwandte die Geschenke erst ab, wenn alle Kinder schliefen. Lilli fand, dass es ein sehr schöner Brauch war, und sie erklärte mir, dass auch in Thailand das Weihnachtsfest gefeiert wird.

Wir fuhren zum Shopping-Center Central World. Dort gibt es Einzelhandelsgeschäfte verschiedener nationaler und internationaler Ketten. Der Komplex verfügt neben einer Eislaufhalle, ein großes Kino, etliche Restaurants, einen Fitnessklub und zwei hinduistische Schreine. Das Shopping-Center gilt als das weltweit drittgrößte Einkaufsparadies und beherbergt auch ein Hotel und einen Büroturm. Nützlich kann der Hinweis sein, dass es unter Einheimischen oftmals unter dem ursprünglichen Namen »World Trade Center« bzw. »Central World Plaza« bekannt ist. Ebenfalls zum Komplex gehört CentralSquare, der größte Platz für Outdoor-Aktivitäten in der Innenstadt von Bangkok.

Als wir dort ankamen, begegnete uns ein Weihnachtsmann mit Rauschebart und roter Mütze. Das braune, rundliche Gesicht passte irgendwie nicht zum restlichen Outfit. Begeistert lief Lilli zu ihm hin, um sich vergnügt von mir ablichten zu lassen. Es war nur eine von vielen kleinen Szenen, die sich im Zentrum Bangkoks an Heiligabend abspielten. Überall standen Weihnachtsbäume, einer größer als der andere, und festliche Dekorationen schmückten die Stadt, die eigentlich traditionell kein Weihnachtsfest kennt.

Im Inneren der Konsumtempel herrschte ebenfalls weihnachtliche Atmosphäre. Aus den Lautsprechern ertönte »Santa Claus is Coming to Town« und ein paar Meter weiter sorgte »White Christmas« für die passende Stimmung. Irgendwann vermischten sich die Klänge zu einem Weihnachtspotpourri. Man floh hinaus an die schwül-warme frische Luft und konnte sich mit Live-Musik von der Bühne zusätzlich zudröhnen lassen.

Weihnachtliche Dekoration überall, wohin man auch blickte. Theken, an denen reichlich kaltes Bier gezapft wurde, waren allerorts aufgebaut und die Stimmung war eher lustig als besinnlich.

Weihnachten in Bangkok ist vor allem ein Konsumfest mit Kitsch und Kommerz.

Unser Weihnachtsmenü bestand aus Pizza, Knoblauchbrot und überbackenen Hähnchenschenkeln. Danach gab es eine süße thailändische Nachspeise. Wir aßen im Food Court des Einkaufszentrums Siam Paragon. Dort stehen Dutzende von verschiedenen Ständen, die jedes thailändische Gericht unter der Sonne servieren. Zudem bieten sie eine riesige Auswahl an anderen Speisen, die jeden noch so anspruchsvollen Gaumen zu befriedigen vermögen. Wie bei jedem thailändischen Food Court erfolgt die Bezahlung mit einem Gutscheinsystem. Man geht zunächst zu einer zentralen Kassiererin, kauft eine beliebige Anzahl von Gutscheinen und wechselt dann von Schalter zu Schalter, um sich das auszusuchen, was man gerne essen möchte. Was man nicht ausgeben kann, bekommt man am Ende seiner Mahlzeit gegen Rückgabe der Gutscheine an der Kasse zurück. Von Nudeln über Backwaren bis hin zu Currys oder anderen Spezialitäten aus der japanischen, französischen, italienischen oder vietnamesischen Küche – hier findet sich alles, was das Herz begehrt.

Der darauffolgende Tag begann mit einer morgendlichen Dusche im Appartement. Danach brachen wir in Richtung Anusawari Chai Samoraphum auf. Dieses »Victory Monument« gilt als das größte militärische Wahrzeichen Bangkoks. Erbaut wurde es im Jahr 1941 zu Ehren der Thai-Soldaten, die von Dezember 1940 bis Januar 1941 im Französisch-Thailändischen Krieg gegen die Französischen Kolonialherren kämpften.
Das Siegesdenkmal befindet sich im Nordosten Bangkoks, im Inneren eines Kreisverkehrs. Zufahrtsstraßen dazu sind Phahonyothin, Phayathai und Ratchawithi. Auch die belebtesten Kreuzungen der Hauptstadt liegen in enger Nachbarschaft zu diesem Monument. Hier ist unter anderem das Ratchathewi-Krankenhaus

angesiedelt sowie die Fashion Mall im ehemaligen Robinson-Kaufhaus.

Umfahren wird das Denkmal auf einer Hochtrasse des sogenannten Skytrains. Viele private Anbieter von Nahverkehrsmitteln haben sich diesen Ort als Ausgangspunkt ausgewählt, aber auch für die staatlichen Busse Bangkoks stellt die Umgebung um Anusawari Chai Samoraphum einen zentralen Verkehrsknotenpunkt dar. Nicht weniger als neunzehn Linien fahren das Denkmal an und können Besucher in nahezu alle Teile der Hauptstadt Thailands befördern.

Im nahe gelegenen Ratchathewi-Krankenhaus hatte Lilli ihre Vorsorgeuntersuchungen und hier starben auch unsere drei Kinder. Direkt neben dem Krankenhaus befindet sich eine Streetfood-Köchin, bei der Lilli regelmäßig zum Essen einkehrte. Dort aß ich das bisher beste Pad Thai meines Lebens.

Pad Thai ist eines der bekanntesten Gerichte in Thailand. Das Reisnudelgericht wird mit Garnelen, Sprossen, Ei, Tofu, zerstoßenen, frisch gerösteten Erdnüssen, einer Bananenblüte und Limetten serviert.

Danach suchten wir die Kühle und begaben uns in die Swensen's-Eisdiele, wo wir ein köstliches Eisdessert genossen. Auf dem Heimweg durchquerten wir den Markt in Huai Khwang. Dort kauften wir unter anderem Erdbeeren aus Chiang Mai, um mit einem Spy Wine Cooler einen erfrischenden Frucht-Cocktail zu kreieren. Spy Wine Cooler ist ein Sektgetränk mit moderatem Alkoholgehalt. Es besteht aus Traubenwein und natürlichem Sprudelwasser und ist Marktführer in Thailand und Südostasien.

Pad Thai

Wir kauften Ansichtskarten und versahen diese mit Neujahrsgrüßen, um sie nach Deutschland zu senden. Mein Onkel Eckhard sammelte Briefmarken und er freute sich jedes Mal, wenn er Post aus Thailand bekam. Am nächsten Tag begaben wir uns zum Busbahnhof, um nach Dong Kheng zu fahren. Doch diesmal wählten wir den Premium-VIP-Reiseservice, um die lange Reise damit stilvoller und bequemer zu bestreiten. Die VIP-Plätze können um 135° zurückgelehnt werden und sind mit weniger Sitzreihen ausgestattet, um für die Nachtfahrten in den Norden und Süden Thailands mehr Beinfreiheit zu gewähren. Zudem gibt es wie im Flugzeug ein Bordprogramm mit Entertainment, das beste Unterhaltung garantiert. Aktuelle

Blockbuster, Klassiker der Filmgeschichte, Musik und Spiele sorgen für eine abwechslungsreiche Fahrt. Man kann sich zurücklehnen und das Unterhaltungsprogramm genießen oder einfach nur schlafen.

In Dong Kheng gingen wir zu Lillis Heimatbehörde (Amphoe), das unserem Landratsamt entspricht. Sie wollte sich folgende Dokumente erstellen lassen, die für eine Eheschließung zwischen Deutschen und Thailändern erforderlich waren: Geburtsnachweis, Familienstandsnachweis, Heiratseinträge aller Vorehen (mit Protokoll), Scheidungsurkunden aller Vorehen, Scheidungseinträge aller Vorehen (mit Protokoll), Bescheinigung des Zentralregisteramtes, Hausregisterauszug und/oder Auszug aus dem Melderegister. Lilli erhielt alle erforderlichen Dokumente und um die weiteren Schritte wollten wir uns kümmern, sobald wir wieder in Bangkok waren: Zuerst mussten wir die Dokumente von einem vereidigten Übersetzer ins Deutsche übertragen lassen, anschließend die Unterlagen zur Legalisation bei der deutschen Botschaft in Bangkok einreichen und die Gebühren entrichten, die für die Legalisation und den Expressversand nach Deutschland anfielen. Vorerst aber wollten wir unsere Zeit in Dong Kheng genießen.

Freiheitliche Gefühle

Nachdem der Papierkram erledigt war, düsten wir mit einem Scooter in der Gegend herum. Was könnte mehr Spaß machen, als in Thailand mit dem Motorroller zu fahren? Es war aufregend, romantisch, abenteuerlich und vor allem cool. Ich saß auf dem Rücksitz des Rollers, umklammerte Lilli und genoss ein unvergleichliches Freiheitsgefühl. In Dong Kheng lernte ich Both kennen, eine Kindheitsfreundin von Lilli. Sie zeigte mir die Reisfelder ihrer Familie. Wir beobachteten eine Gruppe Thai-Frauen beim Glücksspiel im Garten und eine Reisbäuerin kam uns mit ihren Wasserbüffeln entgegen. Am Dorfeingang schrie eine Gruppe von Kindern hinter uns her. Sie hatten wohl noch nie einen »Farang« gesehen. Wir genossen es, uns ohne Beeinflussung, Fremdbestimmung oder Zwang zu bewegen. Diese Freiheit kosteten wir in vollen Zügen aus. Es war einfach herrlich, nur das zu tun, wonach uns gerade war. Trotz der traurigen Geschehnisse zähle ich diese Stunden in Dong Kheng zu der schönsten Zeit meines Lebens.

Der Tag begann mit der Morgentoilette im profan eingerichteten, ungefliesten Badezimmer. Wie bereits beschrieben war die Toilette im Zementboden eingelassen und in der Ecke stand ein rechteckiges, ca. 1 m hohes Wasserbecken, das mit frischem Quellwasser gefüllt war. Zum Duschen füllte man einen Eimer mit Wasser und schüttete sich das eiskalte Nass über den Kopf. Man seifte sich ein und wiederholte den Vorgang. Das Wasser floss über ein kleines Loch in der Ecke nach außen ab. Die Füße wusch man sich, indem man den Fußrücken des einen mit der Fußsohle des anderen Fußes rieb, bis dieser sauber war, und umgekehrt. Wir schliefen im Obergeschoss, das aus einem Holzaufbau bestand.

Auf dem Weg zu den Reisfeldern von Lillis Eltern.

Unser Lager bildete eine Bambusmatte, die unter einem Moskitonetz auf dem Boden lag.

In der Nacht drangen Geräusche des Dschungels zu uns, die ich bis dahin nur aus dem Fernsehen kannte, und am Morgen weckte mich der Schrei eines Gockelhahns noch vor den ersten Sonnenstrahlen. Danach gingen wir zum Tempel und brachten den Mönchen ihre tägliche Essensspende. Welch ein Zauber! Ich hoffte, er möge doch bitte niemals vergehen.

Am Silvesterabend waren wir zu einer Karaoke-Party bei den Nachbarn eingeladen. Sämtliche Verwandten und Freunde waren da und Lilli freute sich auf ein Wiedersehen mit ihren ehemaligen Schulfreundinnen. Ich wurde durchgereicht und jeder einzeln vorgestellt. Zwei von ihnen, Pen und Wad, wollten mit mir Bier trinken. Die beiden nippten bereits an ihren großen Bechern, aber immer nur schluckweise. Mir hingegen war nicht nach Alkohol. Sie bedrängten mich aber so sehr, dass ich beschloss, ihnen die bayerische Variante des Trinkens beizubringen. Pen verstand recht gut Englisch, sodass ich mich mit ihr unterhalten konnte. Also forderte ich sie auf, ihre Becher mit mir auf einen Zug zu leeren. Als Reaktion darauf kam ihnen das Bier wieder aus der Nase heraus, womit ich für diesen Abend meine Ruhe vor den beiden hatte.

Aus den Augenwinkeln beobachtete ich die Szenerie um Lilli herum. Eine Fehlgeburt ist für eine Frau ein traumatisches Erlebnis und schwer zu verarbeiten. Hilflosigkeit, Schuldgefühle, Trauer und Enttäuschung machen sich breit.

Dorfeingang in Dong Kheng Mu 5.

Ein derartiges Schicksal stellt viele Frauen vor eine enorme Herausforderung. Sofern ich es beurteilen konnte, waren die unbeschwerten Momente im Kreis von Familie und Freunden für Lilli eine große Hilfe. Erleichtert sah ich, dass sie zumindest zeitweise auf andere Gedanken kam.

Wie bereits erwähnt handelte es sich um eine Karaoke-Party. Einige Gäste sprangen über ihren Schatten und trällterten zu Instrumental-Playbacks bekannter Musikstücke live ins Mikrofon. Da ich der einzige »Farang« weit und breit war, trat das Unvermeidliche ein und ich wurde zum Singen aufgefordert.

Wenn ich etwas gar nicht konnte, dann war es Singen, und damit hatte ich schon meinen Musiklehrer zu Schulzeiten zur Verzweiflung gebracht. Tapfer begab ich mich dennoch auf die Bühne und nahm das Mikrofon entgegen. In den Augen der versammelten Partygäste erkannte ich, dass sie meinem Auftritt regelrecht entgegenfieberten. Hätte ich genug Alkohol im Blut gehabt, hätte ich sicherlich sofort losgeträllert. Die Musik und der Untertitel in englischer Sprache liefen bereits. Was sollte ich tun?

Plötzlich kam mir die zündende Idee. Bis zu diesem Tag hatte ich noch nicht um die Hand meiner Angebeteten angehalten. Also rief ich laut ins Mikrofon: »Do you want to marry me?«

Lilli sah mich an, Tränen kullerten über ihre Wangen und sie rief ganz spontan: »Yes, yes, I would like!«

Ich lief auf sie zu, nahm sie in den Arm und drückte sie ganz fest. Pen übersetzte meine Worte ins Thailändische und nun bekamen auch die anderen Gäste mit, was ich ins Mikro geschrien hatte. Sie stürmten auf uns zu, um uns zu gratulieren.

Natürlich wurde die Verlobung üppig gefeiert und der Alkohol floss in Strömen. Da Lilli so gut

179

wie keinen Alkohol verträgt, war ihr Zustand bereits nach kurzer Zeit verheerend. Da nahm ich sie auf die Schulter, verabschiedete mich von den Gästen und trug sie nach Hause.

Die frühmorgendliche Neujahrsfeier im Wat Dong Kheng zelebrierten wir mit schweren Köpfen. Dementsprechend froh waren wir, als wir den traditionellen feuchten Segen erhalten hatten und uns nach Hause begeben konnten.

Bald darauf mussten wir Abschied nehmen und wir traten die siebenstündige Busfahrt zurück nach Bangkok an.

Bevor ich Thailand wieder verließ, mussten wir die bereits erwähnten Dokumente zu einem vereidigten Übersetzer bringen. Dessen Büro befand sich ebenfalls in unmittelbarer Nähe zur deutschen Botschaft in Bangkok. »Perfektes Geschäftsmodell, könnte mir nicht besser einfallen», dachte ich wieder bei mir.

Nachdem die Formalitäten erledigt waren, fuhren wir in den Fortune Tower, einer kleinen Einkaufsstadt. Hier ist alles zu relativ günstigen Preisen erhältlich, was nur annähernd etwas mit Elektronik zu tun hat. Der Schwerpunkt liegt ganz klar im IT-Bereich, aber auch viele andere Branchen sind im Fortune Tower vertreten. Wie in jeder thailändischen Shopping-Mall gibt es zudem zahlreiche Restaurants, Imbissbuden, einen großen Food Court und Snackbars.

Diesmal wollten wir in dem japanischen Restaurant »Kobune« zu Abend essen, was wir bisher noch nie gemacht hatten. Von außen sieht es aus wie ein typisch japanisches Ketten-restaurant: überall dunkle Holzgitter, dunkle Ledersitze und dunkle Holztische. Wir entschieden uns für Running Sushi, was hieß, die angebotenen Sushi-Röllchen bewegten sich auf einem Laufband an uns vorbei. Wir hatten die Qual der Wahl zwischen vegetarischem Sushi, Sushi mit frischem Fisch, Sashimi, knackigen Salaten, frischem Obst, Pudding oder Götter-speise.

Auf dem Nachhauseweg kaufte Lilli auf dem Markt drei kindliche Figuren, drei Spielzeug-autos sowie drei Miniaturkelche. Damit richtete sie in unserem Appartement einen kleinen Schrein für unsere verstorbenen Kinder ein.

Vielen Frauen helfen derartige Rituale bei der Trauerarbeit. Lilli opferte jeden Abend ein paar Räucherstäbchen vor dem Schrein und betete für unsere ungeborenen Kinder. Wieder einmal war der Tag der Rückreise gekommen und Lilli brachte mich zum Flughafen.

Dort begaben wir uns in die Schalterhalle, wo ich mein Gepäck aufgeben wollte und ich dem zuständigen Mitarbeiter vom Bodenpersonal meinen Flugschein reichte. Als er ihn angesehen hatte, sagte er mir, dass ich nicht mitfliegen könne, obwohl ich ein gültiges Ticket besaß, da die Airline diesen Flug überbucht hatte.

Japanisches Restaurant »Kobune« in Bangkok.

Da stand ich nun wie ein begossener Pudel und fragte, was ich denn jetzt tun solle. Der freundliche Mitarbeiter beruhigte mich sofort und versprach mir eine Lösung. Gebucht hatte ich einen Flug mit der Scandinavian Airlines nach Kopenhagen. Nach einem siebenstündigen Zwischenstopp wäre der Anschlussflug nach Frankfurt gestartet. Als Ersatz bekam ich einen Flug in der Business-Class mit Thai Airways International direkt nach Frankfurt und einen Gutschein von SAS über 300 Euro. Lillis Antwort: »From now on we are very lucky.«

Die Thai Airways Royal Silk Class kombiniert exquisiten Business-Class-Komfort mit höchster Funktionalität und exklusivem Design. Schalensitze und teilweise versenkbare Trennwände sorgen für Privatsphäre und Ruhe. Die Sitze sind individuell einstellbar und haben komfortable Liegeflächen, persönliche Staufächer und Ablagen. Zudem gibt es ein Reise-Set, unter anderem mit Hausschuhen und einer Auswahl hochwertiger Pflegeprodukte und Accessoires. Die Speisen werden wie im Restaurant Gang für Gang serviert. Neben einem mehrgängigen Menüangebot stehen Champagner, Säfte, Wasser, renommierte Spitzenweine, Premium-Spirituosen, Softdrinks etc. zur Auswahl.

Der Januar 2008 war sehr mild und phasenweise frühlingshaft. Die durchschnittlichen Temperaturen lagen bis zu 5 °C über dem Klimamittel. Ich bedankte mich für diese wunderbare Hilfe des Himmels.

Beim Einbiegen in die Einfahrt zu meinem Haus sah ich schon den überquellenden Briefkasten. Ich nahm die Post heraus und legte sie auf den Esstisch. Als ich später die Werbung aussortiert hatte, fiel mir ein Brief vom Auswärtigen Amt in die Hände. Ich öffnete ihn aufgeregt und begann zu lesen:

»Vielen Dank für Ihr Schreiben vom 21. November 2007 an Bundesministerin von der Leyen, welches zuständigkeitshalber an das Auswärtige Amt weitergeleitet wurde.

Ich verstehe Ihre Enttäuschung darüber, dass von unserer Botschaft in Bangkok aufgrund der geltenden Gesetzeslage kein Besuchsvisum für Frau Lilli Butchanon erteilt werden kann. Ich bitte Sie jedoch um Verständnis dafür, dass der Visumerteilung ausländerrechtliche Grenzen gesetzt sind. Im Fall von Frau Butchanon bestanden bei unserer Botschaft ernste Zweifel an der Rückkehrbereitschaft. Die Hintergründe wurden Frau Butchanon schriftlich mitgeteilt.

Da Sie und Frau Butchanon heiraten möchten, empfehle ich Ihnen, dass Frau Butchanon einen entsprechenden Antrag auf Visumerteilung zur Eheschließung stellt, sobald Ihre Scheidung in Deutschland rechtskräftig ist.

Für weitere ausländerrechtliche Fragen stehe ich Ihnen gerne zur Verfügung. Es tut mir leid, Ihnen keinen günstigeren Bescheid erteilen zu können.«

In mir stieg wieder diese unbändige Wut auf, die extrem viel Energie freisetzt. Die Aktivität des sympathischen Nervensystems ist erhöht und die Konzentration von Noradrenalin im Blut wächst.

Infolgedessen steigen Blutdruck sowie Atem-
und Pulsfrequenz.

Unverzüglich verfasste ich eine Antwort. Ich
teilte der Bundesministerin mit, dass unsere drei
Kinder bereits verstorben waren und ich meiner
zukünftigen Frau nicht beistehen konnte.

Trennung mit Hindernissen

Am 7. Januar 2008 begann Lillis Unterricht am
Goethe-Institut in Bangkok. Von meinem
monatlichen Gehalt zahlte ich nun den
Trennungsunterhalt an meine Noch-Ehefrau
sowie den Unterhalt für Lilli. Neben den
monatlichen Fahrtkosten zu meiner Arbeitsstelle
blieb mir kaum noch Geld für Grundnahrungs-
mittel.

Für das Berichtsjahr 2008 prognostizierte die
Bundesregierung in ihrem »Sechsten Existenz-
minimumbericht« einen sozialhilferechtlichen
jährlichen Mindestbedarf eines Alleinstehenden
von 7.140 Euro. Ich lebte mit meinen etwa 150
Euro, die mir im Monat blieben, bereits deutlich
unter dem Existenzminimum.

Mein Sparguthaben aus dem Erbe meiner Mutter
setzte ich für die Scheidung ein, die ich am
15. Januar 2008 beim Amtsgericht einreichte.
Das Trennungsjahr beginnt prinzipiell dann,
wenn ein Partner dem anderen deutlich mitteilt,
dass er oder sie sich scheiden lassen möchte.
Diese Trennung muss in der Folge vollzogen und
gelebt werden. Nur so kann sie vor dem

Familiengericht nachgewiesen werden, falls ein Ehepartner sich nicht scheiden lassen möchte.

Da meine Noch-Ehefrau abstritt, dass die Trennung bereits im August 2006 erfolgt war, konnte ich diese lediglich ab 1. April 2007 nachweisen. Jedoch widersprach sie auch diesem Termin, um das Scheidungsverfahren zu verzögern.

Am 20. November 2008 erhielt ich das letzte Schreiben des Gerichts bezüglich der Rücknahme der Klage auf Getrenntlebensunterhalt durch die Anwälte meiner Noch-Ehefrau. Bis zu diesem Zeitpunkt hatte meine Noch-Ehefrau vier Anwälte verschlissen und das Scheidungsverfahren verschleppt, wo es nur ging, gemeinsam mit den beteiligten Anwälten und Richtern. Ich kam mir vor wie ein Vollidiot, der von Menschen gedemütigt wird, die Lust und Befriedigung dadurch erfahren, anderen seelische Schmerzen zuzufügen.

Der Begriff »Sadist« bezeichnet heutzutage im allgemeinen Sprachgebrauch auch Personen, die sich am Leid anderer erfreuen können. Ich kam mir ausgeliefert vor, da unser Rechtssystem Sadisten Tür und Tor öffnet.

Den nachehelichen Unterhalt hatte ich zum Glück über eine Trennungsvereinbarung beim Notar mit meiner Noch-Ehefrau vereinbart. Demnach erhielt sie eine Gesamtsumme von 47.000 Euro. Nach Auflösung der Ehe verzichtete sie auf jedweden Unterhalt in allen Lebenslagen, auch in außergewöhnlichen und in Fällen der

Not, mögen die Umstände sein oder werden, wie sie wollten. Somit besitzt sie für die Zeit nach der Scheidung unter keinerlei Gesichtspunkten irgendwelche Unterhaltsansprüche gegen mich.

Zur Vertragsunterzeichnung beim Notar wollte meine Noch-Ehefrau erst gar nicht kommen, da sie angeblich krank war. Ich machte ihr unmissverständlich klar, dass ich auf jeden Fall den Vertrag an diesem Tag unterzeichnen würde. So erschien sie aufgrund wundersamer, spontaner Heilung dann doch noch.

Bei dem Termin stellte ich mein Auftreten und meine Emotionen auf ein unterwürfiges und trauerndes Verhalten ein. So gab ich ihr absichtlich das Gefühl der Überlegenheit. Nach der Unterzeichnung wollte sie mit mir einen Kaffee trinken gehen, weil ich ihr so deprimiert vorkam. Meine Strategie war aufgegangen. Sie hatte die Trennungsvereinbarung unterzeichnet und ich war endlich frei. Natürlich lehnte ich ihren Vorschlag ab und wünschte ihr alles Gute für ihr weiteres Leben.

Mein bester Kumpel Murmel besuchte mich bald darauf mit seiner Freundin Sabine in meiner unterkühlten Wohnung. Pfefferminztee und Lebkuchen konnte ich ihnen offerieren, etwas Anderes hatte ich leider nicht anzubieten. Sie sahen mich mit mitleidsvollem Blick an, bis ich von Lilli zu erzählen begann. Da bemerkte Sabine spontan: »Du bist über beide Ohren verliebt.«

Das konnte ich nur bestätigen, denn ich war tatsächlich bis über beide Ohren verliebt und ich klagte nicht über meine derzeitige Situation. Ich ging den ganzen Tag arbeiten und lebte dank unseres »gerechten« deutschen Rechtssystems trotzdem weit unterhalb des Existenzminimums.

Es verwundert nicht, dass solche Erfahrungen häufig eine radikale Grundeinstellung hervorrufen können. Das Adjektiv »radikal« ist vom lateinischen »radix« (Wurzel) abgeleitet und beschreibt das Bestreben, gesellschaftliche und politische Probleme vermeintlich »an der Wurzel« zu greifen und von dort aus möglichst umfassend, vollständig und nachhaltig zu lösen.

Die Monate vergingen und hielten mich mit vielen schriftlichen Auseinandersetzungen bezüglich der bevorstehenden Scheidung auf Trab. Der allmorgendliche telefonische Kontakt mit Lilli und die abendlichen Messenger-Unterhaltungen mit ihr gehörten zur täglichen Routine. Sie lernte fleißig die deutsche Sprache und ich stellte ihr einen baldigen Besuch in Thailand in Aussicht.

Eines Tages rief sie mich zu ungewöhnlicher Zeit an. Sie druckste ein wenig herum, um mir letztendlich zu sagen, dass sie die Prüfung bestanden und das Goethe-Zertifikat A1 erhalten hatte.

Beim nächsten Treffen mit meinen »Kumpels« erzählte ich voller Stolz Kevin und Pavel davon. Da kam aus der Richtung von Kevin sofort die Antwort: »Ich habe es schon vor dir gewusst.«

Ich entgegnete ihm: »Da bin ich dir aber dankbar, dass du nichts gesagt und mir die Überraschung nicht verdorben hast.«

Diese Antwort wollte er eigentlich nicht hören, wie ich seiner Reaktion entnehmen konnte. Er wollte mich eifersüchtig machen, doch das misslang und ich ließ mich nicht mehr auf solche Spielereien mit ihm ein.

Visumantrag, die Dritte

Im Juni 2008 bereitete ich mich auf einen weiteren Flug nach Thailand vor. Wir wollten einen erneuten Versuch starten, damit Lilli mich endlich in Deutschland besuchen konnte. Unsere Hochzeit war im Oktober 2008 in Thailand geplant. Es wäre mehr als gerecht gewesen, diese letzten Monate vor der Hochzeit gemeinsam verbringen zu können. Ich stellte die notwendigen Unterlagen für ein Besuchsvisum zusammen und gab dazu eine mehrseitige Stellungnahme ab. Besonders das Thema »Rückkehrbereitschaft« nahm ich mir vor, da in Lillis Fall »<u>ernste Zweifel</u>« an der Rückkehrbereitschaft seitens der deutschen Botschaft in Bangkok bestanden. Zusätzlich legte ich ein Protokoll vom Amtsgericht vor, aus dem eindeutig die Scheidung von meiner Noch-Ehefrau hervorging, ebenso eine Urlaubsbescheinigung meiner Firma zwecks Heirat, um die absehbare Hochzeit mit Lilli zusätzlich zu bekräftigen und zu dokumentieren, sowie polizeiliche Führungszeugnisse von uns beiden.
Die Rückkehrbereitschaft (Bekämpfung der illegalen Einwanderung) meiner Verlobten Lilli

ging eindeutig aus dem bevorstehenden gemeinsamen Leben hervor.

Aufgrund der Verfahrensverschleppung durch die Anwälte meiner Noch-Ehefrau und das Gericht konnte ich ein rechtskräftiges Scheidungsurteil erst im August 2008 erwarten. Lilli hatte die Deutsch-Schule zwischenzeitlich erfolgreich abgeschlossen. Nach der langen Trennung war es uns eine Herzensangelegenheit, die letzten Monate vor der bevorstehenden Hochzeit zusammen zu verbringen. Es lag jetzt an der deutschen Botschaft in Bangkok, eine humane Entscheidung in unserem Sinn zu treffen.

Kein einziger Deutscher, dem wir unsere Geschichte erzählten, hatte Verständnis für die Entscheidungen der deutschen Botschaft zur Ablehnung eines Besuchsvisums in unserem Fall. Am 10. Dezember 1948 verkündete die Generalversammlung der Vereinten Nationen die Allgemeine Erklärung der Menschenrechte. Es ist demzufolge die Aufgabe der Mitgliedsstaaten, dafür zu sorgen, dass die gewährten Rechte lebendige Realität sind, dass alle Menschen überall auf der Welt sie kennen, sie verstehen und in ihren Genuss kommen.

Menschenrechte, Art. 13
1. Jeder hat das Recht, sich innerhalb eines Staates frei zu bewegen und seinen Aufenthaltsort frei zu wählen.

2. Jeder hat das Recht, jedes Land, einschließlich seines eigenen, zu verlassen und in sein Land zurückzukehren.

Gemeinsame konsularische Instruktion
Rechtsgrundlage:
Einheitliche Visa können erteilt werden, sofern die Einreisevoraussetzungen nach Art. 15 und 5 des Übereinkommens zur Durchführung des Übereinkommens von Schengen vom 19. Juni 1990 erfüllt werden.

Gemeinsame konsularische Instruktion
Art. 5:
1. Für einen Aufenthalt von bis zu drei Monaten kann einem Drittausländer die Einreise in das Hoheitsgebiet der Vertragsparteien gestattet werden, wenn er die nachstehenden Voraussetzungen erfüllt:
a) Er muss im Besitz eines oder mehrerer gültiger Grenzübertrittspapiere sein, die von dem Exekutivausschuss bestimmt werden.
b) Er muss, soweit erforderlich, im Besitz eines gültigen Sichtvermerks sein.
c) Er muss gegebenenfalls die Dokumente vorzeigen, die seinen Aufenthaltszweck und die Umstände seines Aufenthalts belegen, und über ausreichende Mittel zur Bestreitung des Lebensunterhaltes sowie für die Dauer des Aufenthalts als auch für die Rückreise in den Herkunftsstaat oder für die Durchreise in einen Drittstaat, in dem seine Zulassung gewährleistet ist, verfügen

oder in der Lage sein, diese Mittel auf legale Weise zu erwerben.

d) Er darf nicht zur Einreiseverweigerung ausgeschrieben sein.

e) Er darf keine Gefahr für die öffentliche Ordnung, die nationale Sicherheit oder die internationalen Beziehungen einer der Vertragsparteien darstellen.

2. Einem Drittausländer, der nicht alle diese Voraussetzungen erfüllt, muss die Einreise in das Hoheitsgebiet verweigert werden, es sei denn, eine Vertragspartei hält es aus humanitären Gründen oder Gründen des nationalen Interesses oder aufgrund internationaler Verpflichtungen für erforderlich, von diesem Grundsatz abzuweichen. In diesen Fällen wird die Zulassung auf das Hoheitsgebiet der betreffenden Vertragspartei beschränkt, die die übrigen Vertragsparteien darüber unterrichten muss.

Lilli war die Einreise in das Hoheitsgebiet verweigert worden, weil sie von mir, einem deutschen Staatsbürger, schwanger war.

Aufgrund der vorliegenden und einschlägigen Gesetze können Sie, lieber Leser, sich selbst ein Urteil bilden, ob an uns massive Menschenrechtsverletzungen durch die Bundesrepublik Deutschland begangen wurden oder nicht. Die deutsche Botschaft in Bangkok hätte auf der Grundlage aller ihr zur Verfügung stehenden Informationen und unter Berücksichtigung der konkreten Situation (Schwangerschaft) die Einreise in das Hoheitsgebiet nie verweigern dürfen.

Die Investitionen, die wir bisher getätigt hatten, um zu heiraten und zusammen leben zu dürfen, beliefen sich inzwischen auf 12.682 Euro.

Wieder einmal bestieg ich das Flugzeug in München und flog nach Bangkok. Ich freute mich nach sechs Monaten Trennung und einer Distanz von über 8.713 km so sehr, Lilli endlich wiederzusehen. Auf der Fahrt zum Appartement legten wir einen kurzen Halt ein und Lilli kaufte eine Durian-Frucht.

Der Durianbaum, auch »Zibetbaum« genannt, ist eine Pflanzenart innerhalb der Familie der Malvengewächse (Malvaceae). Seine stachelige Frucht ist etwa so groß wie eine Kokosnuss oder ein Menschenkopf und hat eine gelblich-grün-graue Farbe. Im Inneren befinden sich drei bis sechs Kammern, die jeweils mehrere Samen enthalten. Diese Samen sind umgeben von übelriechendem, gelblich schmierigem Fruchtfleisch, das der Pflanze ihren Namen »Stinkfrucht« einbringt. Das Fruchtfleisch selbst schmeckt eher süßlich, nussartig, ganz im Gegenteil zu dem, was der Geruch erwarten lässt.

Ein weiteres Mal machten wir uns auf den Weg zur deutschen Botschaft in Bangkok. Wir fuhren mit der MRT, der Metro, von der Huai Khwang Station zur Lumphini Station, der nächstgelegenen Haltestelle.

Alle MRT-Züge sind klimatisiert und äußerst sauber. Ein Ticket kostet zwischen 15 und 55 Baht, je nach Anzahl der Stationen.

Durianfrucht.

Wer oft mit der BTS oder MRT fährt, kann sich eine wiederaufladbare Karte kaufen und sich so die langen Schlangen an den Ticketautomaten und damit viel Zeit sparen. An den Eingängen zur Metro muss man durch einen Metalldetektor laufen. Sicherheitspersonal kontrolliert mit Taschenlampen die Taschen und Rucksäcke der Fahrgäste. Jeder muss dem Personal also Einblick in seine Sachen gewähren. Touristen werden allerdings meist ohne Kontrolle durchgelassen. Auch zur Rushhour winkt das Personal die Leute einfach durch.

Ich hoffte, diesen Herrn Maszyna in der Botschaft nicht anzutreffen. Meine Emotionen waren immer noch übermächtig, wenn ich nur an seinen üblen Charakter dachte. Aber wir hatten Glück und er war weit und breit nicht zu sehen. Eine thailändische Botschaftsangestellte nahm den Antrag emotionslos entgegen, ohne weitere Fragen zu stellen. Dann verließen wir diesen negativ behafteten Ort und besuchten den Erawan-Schrein.

Thailändische Kultur

Der Erawan-Schrein ist dem hinduistischen Gott Brahma geweiht. Er befindet sich im Bezirk Pathum Wan, an der Ratchaprasong-Kreuzung von Phloen-Chit- und Ratchadamri-Straße. Der Schrein wurde auf dem Grundstück des früheren Erawan-Hotels errichtet. Während der Bauphase des Hotels im Jahre 1956 ereigneten sich zahlreiche Unglücksfälle. Arbeiter starben auf der Baustelle und ein Schiff, das Marmor für das Hotel transportierte, sank auf hoher See.

Die abergläubischen Arbeiter weigerten sich, weiterzuarbeiten. Sie fürchteten durch die Bauarbeiten erboste Geister. Konteradmiral Luang Suwicharnpat, ein Experte für Astrologie, wurde um Rat gefragt und um eine Lösung für das Problem gebeten.

Er stellte fest, dass die Grundsteinlegung des Hotels an einem nicht verheißungsvollen Tag geschehen sei. Da der Name des neuen Hotels bereits feststand, entschied er, dass ein Schrein zu erbauen und der Gottheit Brahma zu weihen sei. Außerdem sei zusätzlich ein Geisterhäuschen auf dem Gelände zu errichten. Als Standort für den Schrein wurde die nordwestliche Ecke des Grundstücks gewählt.

Nachdem der Schrein aufgestellt und am 9. November 1956 eingeweiht worden war, hörte die Unfallserie auf und das Hotel konnte in kurzer Zeit fertiggestellt werden. Im Jahre 1987 wurde das Erawan-Hotel abgerissen. An seiner Stelle steht seit 1991 das Grand Hyatt Erawan

Hotel. Der Schrein erlangte im Laufe der Jahre internationale Berühmtheit. Viele Menschen erbitten sich hier vom Erawan-Brahma Geld, Liebe, beruflichen Erfolg, aber auch Gesundheit und Erleuchtung. Geht ein Wunsch in Erfüllung, besucht der Gläubige den Schrein erneut, um sein Versprechen einzulösen.

Für größere Wünsche steht eine Tanztruppe bereit, die zu Klängen eines traditionellen thailändischen Orchesters Tänze aufführt, um die Gottheit zu erfreuen. Diese Art der Verehrung ist so tief mit dem thailändischen Leben verwoben, dass man statt von »Aberglaube« schon fast von »Brauchtum« sprechen kann. Lilli und ich baten am Schrein des hinduistischen Gottes Brahma – mit Blumenkränzen, Kerzen und drei Räucherstäbchen je Himmelsrichtung – um den Erhalt des Besuchsvisums, um unsere gemeinsame Heimreise nach Deutschland antreten zu können.

Die Menschen in Thailand glauben, dass überall, in Felsen, in Höhlen, in Seen und in Wäldern Geister leben. Für die Thailänder nehmen Geister am täglichen Leben teil und können den Lauf der Dinge beeinflussen. Es gibt gute und böse Geister. Unglück bringt es, wenn man die bösen Geister beim Namen nennt. Die Erdgeister hingegen sind ehrenwerte Geister und eine besondere Gruppe innerhalb der Vielzahl von Geistern. Sie sind Schutzgeister und man nennt Sie auch Besitzer des Platzes.

Traditioneller thailändischer Tanz am Erawan-Schrein.

Die thailändische Landbevölkerung verehrt den Schutzgeist Chaiyamonkhon, der normalerweise das Geisterhaus (San Phra Phum) bewohnt und die Gebäude der Thais beschützt. Der beste Platz für das Geisterhaus ist an der Grundstücksgrenze. Vorn dort aus kann der Geist, so glauben die Thailänder, den nahenden Feind besser sehen und nahendes Unglück schneller abwenden. Ein buddhistischer Mönch bestimmt das Datum, an dem das Häuschen aufgestellt und eingeweiht werden kann. Dieser Glaube an die Geister stammt nicht aus dem Buddhismus, sondern aus dem alten animistischen Glaubens in Thailand.

Die kleinen Geisterschreine werden nicht nur vor Wohnhäusern aufgestellt, sondern sie stehen auch vor fast jedem Gebäude, egal ob Bank, Supermarkt, Hotel oder Kaufhaus. Auch Schulen haben ihre Schreine. Solche Häuschen werden auch an unfallträchtigen Straßen erbaut, um den ruhelosen Geistern der Unfalltoten eine Heimat zu geben. Die Opfergaben machen das Haus attraktiv für den Erdgeist. Es werden frisches Wasser und auch Mekhong Thai Whisky zum Geisterhaus dazugestellt. Außerdem werden auch Räucherstäbchen angezündet und Reis, Obst und Süßigkeiten als Opfer dargebracht.

Natürlich besuchten wir erneut Lillis Eltern in Dong Kheng. Die Bauern waren dort mit der Bearbeitung der Felder beschäftigt, um Reis anzupflanzen. In Asien wird weltweit mit Abstand die größte Menge an Reis angebaut.

Ungefähr 95 % der globalen Reisproduktion findet hier statt.

Geisterhäuschen in Bangkok.

In den meisten Ländern erfolgt der Reisanbau immer noch traditionell auf den typischen Terrassen. Zum Vorbereiten und Pflügen der

199

Felder nutzen die Bauern Wasserbüffel. Die Anbauflächen werden mit Wasser geflutet und die Reissämlinge werden von Hand eingesetzt. Das Wasser verhindert, dass Unkraut wächst, und dient der Schädlingsbekämpfung. Es wird erst kurz vor der Ernte abgelassen. Reis war ursprünglich keine Wasserpflanze, hat sich aber über die Jahrtausende durch natürliche Selektion und Zucht an den Nassanbau angepasst. Reispflanzen entwickeln Blütenrispen, die bis zu 50 cm lang werden können. An den Rispen wachsen bis zu 300 Blüten, die sich selbst bestäuben. Etwa fünf Wochen nach der Reisblüte sind die Körner herangereift. Das einzelne Reiskorn wird von einer harten Deckspelze geschützt. Jedes Reiskorn ist des Weiteren von einem Silberhäutchen umgeben, das wiederum aus einer Fruchtschale, einer Samenschale und einer proteinhaltigen Aleuronschicht besteht. Das Silberhäutchen enthält den Großteil an Mineralstoffen, Vitaminen und Spurenelementen. Am unteren Ende des Reiskorns ist noch der Reiskeimling vorhanden. Jedes Jahr im Mai findet die königliche Pflugzeremonie auf dem Sanam Luang-Platz am Großen Palast in Bangkok statt. Mit der symbolischen Aussaat beginnt die Pflanzsaison. Dieser alte asiatische Brauch stammt aus der Sukothaiperiode im 13. Jahrhundert und soll den Ertrag der kommenden Ernte voraussagen.

Er kündigt den Beginn der regenreichen Jahreszeit an, während der hauptsächlich im

Nordosten Thailands die Reisefelder in voller Pracht stehen.

Die Zeremonie in Bangkok beginnt stets mit der Vorhersage der Regenmenge und des Reisertrags für die kommende Jahreszeit. Als ihr Hauptbestandteil gilt das anschließende Pflügen des »königlichen Gartens«. Dies geschah früher in Anwesenheit des Königs. Das Pflügen ist dem sogenannten »Herrn der Ernte« vorbehalten. Vier »himmlische Jungfrauen« assistieren ihm und tragen traditionell das Saatgut.

Zum Abschluss der Zeremonie dürfen die Pflugochsen aus verschiedenen Futtertrögen ihre Lieblingsmahlzeit wählen. Die Wahl der Ochsen prophezeit den Ernteerfolg sowie die Menge des vorhandenen Saatgutes für die kommende Saison. Man nennt diesen Tag auch »Farmer's Day«.

In den vergangenen Jahren stürmten nach der offiziellen Zeremonie Hunderte Bauern aus dem Publikum auf das Feld, um einige der geweihten Reiskörner zu ergattern, da diese – vermischt mit der eigenen Saat – für eine reichhaltige Ernte sorgen sollen.

In Dong Kheng besuchten wir Lillis Ziehvater, Abt Luang Pho Lai. Er versicherte uns, dass er unsere verstorbenen Kinder in seine täglichen Gebete mit einbezog. Er wählte folgende Namen für sie: Phuangngön, Phuangthong, Phuangphed, was so viel wie »genügend Geld«, »genügend Gold« und »genügend Diamanten« bedeutet.

Die Mutter von Lilli beim Reisanbau.

Zurück in Bangkok kam die erneute Ablehnung von Lillis Visumantrag. Diesmal hatte es lediglich vier Tage gedauert, bis wir die Information erhielten. Weiterhin blieb die deutsche Botschaft in Bangkok stur und traf keine humane Entscheidung. Die von Herrn Maszyna ins Feld geführten wesentlichen Anhaltspunkte für die Annahme einer Rückkehrbereitschaft sind nach gefestigter Rechtssprechung und Praxis insbesondere eine wirtschaftliche, familiäre und/oder soziale Verwurzelung der Antragstellerin im Heimatland. Da diese Kriterien in keinster Weise auf uns zutrafen, da wir ja heiraten wollten und unser Lebensmittelpunkt in Deutschland sein würde, kann die »Rückkehrwilligkeit« gar keine Rolle spielen, wie auch schon bei dem bewilligtem Besuchervisum durch die deutsche Botschaft in Prag.

Rein rechtlich gab es überhaupt keinen Grund, das Visum zu verweigern, denn es gab keinen Anhaltspunkt dafür, dass Lilli in die Illegalität verschwinden wollte, was Herr Maszyna nach den maßgeblichen Rechtsvorschriften hätte beurteilen müssen. In der Schule hätte er für diese Arbeit die Note Sechs erhalten, Thema verfehlt.

Die Art und Weise, wie sich Beamte zu verhalten haben, ist insbesondere im Verwaltungsrecht und im Strafrecht ausgeführt. Natürlich lässt sich dabei nicht alles auf den Punkt genau regeln und vieles liegt im Ermessensspielraum. Wo die Grenzen zur Willkür verlaufen, ist oft schwierig zu beurteilen. In Gesetz und Rechtsprechung gibt es jedoch eine Vielfalt an Vorgaben, nach denen Einzelfälle zu beurteilen sind. Um einen Fall auch nur ansatzweise bewerten zu können, bedarf es der Kenntnis einiger Grundsätze. Inwieweit willkürliches Handeln vorliegt, lässt sich im

Regelfall nur <u>im Zusammenhang mit der maß-</u>
<u>geblichen Rechtsvorschrift beurteilen.</u>

Aufgrund der erneuten Ablehnung waren wir
gezwungen, das Appartement weiterhin zu
behalten und eine erneute Trennung hin-
zunehmen. Lilli hatte den Einfall, eine Frisörlehre
anzufangen, um die Zeit des Wartens praktisch
zu nutzen. Dann könnte sie mir immer die Haare
schneiden und wir würden dadurch auch wieder
Geld sparen.

An den darauffolgenden Tagen besuchten wir die
Nationalgalerie, eine Kunstgalerie und eines der
Nationalmuseen von Thailand. Letzteres liegt an
der Chao Fa Road in Bangkoks historischem
Stadtteil Phra Nakhon. Es befindet sich im
Gebäude der ehemaligen Royal Thai Mint. Die
Sammlungen der Galerie reichen von traditio-
neller thailändischer Kunst über westlich
beeinflusste Porträts des 19. Jahrhunderts bis hin
zu modernen und zeitgenössischen Werken.

Ein weiterer Höhepunkt dieser Reise sollte das
Lumpinee Boxing Stadium sein. Die Sportarena
liegt zentral beim Lumpini-Park (Rama IV Road)
und ist als Austragungsort für thailändische
Boxkämpfe bekannt.

Muay Thai zählt zu den härtesten Kampfsport-
arten der Welt. Das liegt daran, dass im Gegensatz zum europäischen Boxen auch Ellenbögen
und Knie zum Einsatz kommen. Sehr charakter-
istisch sind Tritte mit dem Schienbein, die oft auf
den Oberschenkel des Gegners treffen. Das Ver-
letzungsrisiko ist bei den Kämpfen oft genauso
hoch wie der Unterhaltungswert. Das Ranglisten-

system und die Meistertitel werden in Gewichtsklassen vom Minifliegengewicht bis zum Superweltergewicht eingeteilt. Muay-Thai-Kämpfe finden dienstags, freitags und samstags statt und beginnen in der Regel gegen 18 Uhr.

Einer der berühmtesten Lumpinee-Champions war Dieselnoi Chor Thanasukarn, der in den frühen 1980er Jahren vier Jahre lang den Leichtgewichtstitel hielt und ohne Niederlage regierte. Er musste schließlich in den Ruhestand gehen, weil ihm die Gegner ausgingen.

Bei unserem Besuch herrschte ein enormer Krach im Stadion, was angesichts der Menschenmenge nicht verwunderte. Muay-Thai-Kämpfe werden üblicherweise mit Musik begleitet. Die selbstgebauten Flöten, mit denen dabei musiziert wird, erzeugen sehr hohe Frequenzen, die nach einer gewissen Zeit Kopfweh verursachen. Eine Trommel mit verworrenem Rhythmus begleitet die Flöten. Es war eine Herausforderung, die Zuschauer bei ihren Wetten auf die Kämpfer zu beobachten und dabei noch den Überblick zu behalten. In den Pausen wanderten etliche Geldscheine durch das Publikum. Es war sehr spannend, das alles so nah mitzubekommen, und auch das Wetten auf den jeweiligen Gewinner gemeinsam mit Lilli machte enorm viel Spaß. Leider habe ich ausschließlich nur verloren.

Ein Onkel von Lilli war professioneller Muay-Thai-Trainer. Seine jahrelange Trainings- und Kampferfahrung machte ihn bekannt in Nordostthailand. In der Folge kamen auch echte Profis zu ihm, um zu trainieren.

Bei der Heimfahrt im Taxi entdeckte ich auf einem Bankgebäude eine riesige Vogelfigur. Lilli erläuterte mir, dass der Name dieser Figur »Garuda« wäre. In der indischen Mythologie ist der Garuda das Reittier (Vahana) des Vishnu. Er tötet Schlangen und ist ein Mischwesen aus Mensch und Adler. In der asiatischen Mythologie besitzt der Garuda zugleich die Bedeutung eines Götterboten, der den Menschen Nachrichten und Anweisungen der Götter überbringt.

Der Garuda ist das Symbol des thailändischen Königshauses, da der König gemeinhin als Inkarnation Vishnus gilt. Buddhistische Könige der gegenwärtigen Chakri-Dynastie sind nach Rama benannt, einer weiteren Inkarnation Vishnus. Der verstorbene König Bhumibol Adulyadej war Rama IX.

Der Garuda ist das einzige Fabelwesen, dem es gestattet ist, über dem Kopf des Königs zu stehen. Nur religiöse oder königliche Gebäude, Objekte oder Papiere haben die Ehre, Garuda abzubilden. Der König kann die königlichen Garuda-Insignien auch verdienstvollen Unternehmen und Banken verleihen. Deshalb ziert der Garuda die Fassaden so mancher Bank und blickt auf das geschäftige Volk herab. Die thailändischen Behörden verwenden den Garuda als Hoheitszeichen oder Amtssiegel der Regierung.

Das Taxi brachte uns in die Soi Inthamara 51 und hielt direkt vor dem Appartementhaus Thanadon Mansion. Wir stiegen aus und gingen zu einem Streetfood-Restaurant an der Straßenecke, um eine Kleinigkeit zu essen. Es war mal wieder so weit, mein letzter Abend in Bangkok neigte sich dem Ende zu.

Am nächsten Tag brachte mich Lilli zum Flughafen und wir verabschiedeten uns. Ich versprach ihr, dass es das letzte Mal sein würde: »Wenn ich zurückkomme, dann werden wir hier in Thailand heiraten.«

Doch vorher sollte erst noch ein Ritt auf der Rasierklinge anstehen.

Auflösung der Ehe durch das Gericht

In den folgenden Wochen war ich hauptsächlich damit beschäftigt, bei den Anwälten und den Richtern zu monieren. Meine Noch-Ehefrau versuchte, das Scheidungsurteil einen weiteren Monat hinauszuzögern. Es folgte ein wochenlanges Gerangel. Der nacheheliche Unterhalt ist regelmäßig nur für eine bestimmte Dauer geschuldet und dient als Überbrückung. Da wir diesen nachehelichen Unterhalt bereits vor Wochen beim Notar geregelt hatten, war ein eigenständiger Prozeß hinfällig.

Somit wurde eine Prozesserklärung meiner Noch-Ehefrau erforderlich, da der nacheheliche Unterhalt bereits geklärt war.

Ein Rechtsanwalt kann seine Mandantin ohne größere Mühe zur Abgabe einer Erledigungserklärung bewegen. Dies geschah jedoch nicht und so hatten alle Beteiligten es wieder geschafft, den Termin der Entscheidungsverkündung zu verzögern, an dem das Scheidungsurteil ausgesprochen werden sollte. Glücklicherweise musste ich zu diesem Termin nicht persönlich erscheinen, denn ich befand mich zu dieser Zeit aus beruflichen Gründen in Indien.

Die Trennung von einer Borderline-Persönlichkeit ist schwer, langwierig und dramatisch. Unabhängig davon, wer die Beziehung beenden will oder beendet hat, verläuft das Scheidungsverfahren sehr intensiv, vor allem wenn das Rechtssystem sadistisches Verhalten dazu auch noch unterstützt.

Ende August 2008, als das Scheidungsurteil schriftlich erlassen wurde, befand ich mich gerade für eine Woche in Jambusar, einer Stadt im indischen Bundesstaat Gujarat. Ich wusste, dass ich den rechtskräftigen Beschluss erst vier Wochen nach dem Urteil erhalten würde. Sollte meine Noch-Ehefrau weiterhin Lust verspüren, mich zu quälen, dann könnte sie innerhalb von vier Wochen Berufung einlegen und das Urteil anfechten.

In Indien musste ich für einen Kunden meines Arbeitgebers eine Baustelle betreuen. Abends kommunizierte ich weiterhin mit Lilli über den »Live Messenger« und sie offenbarte mir, dass sie gerne nach Jambusar kommen würde. Wir waren uns räumlich so nahe und doch so fern. Meine Arbeit nahm etwa zwanzig Stunden am Tag in Anspruch, weshalb ich ihr Anliegen leider ablehnen musste.

Als ich nach Deutschland zurückkehrte, eröffnete mir mein Arbeitgeber, dass ich im November nochmals nach Indien reisen sollte, um dort zu arbeiten, doch diesmal für sechs Monate. Jetzt steckte ich in einem Korsett fest. Ich telefonierte mit Lilli, um mit ihr einen strategischen Plan für die Hochzeit festzulegen.

Ein Visum zwecks Eheschließung in Deutschland kam aus mehreren Gründen nicht infrage. Wie Herr Maszyna anderweitig mehrfach erwähnt hatte, werden bei einem solchen Antrag unter anderem Einzelheiten über den Körper des Partners und noch vieles mehr abgefragt, um den Willen zur Herstellung einer ehelichen Lebensgemeinschaft zu beweisen. Diese Demütigung wollte ich meiner zukünftigen Frau und mir auf keinen Fall antun.

Des Weiteren hatte ich in Deutschland keine Familie mehr, die bei einer Hochzeitsfeier hätte anwesend sein können. Also war der Entschluss, in Thailand zu heiraten, schon lange gefasst.

Bei Vorlage eines gültigen Ehefähigkeitszeugnisses (nicht älter als sechs Monate) stellt die Botschaft für den deutschen Verlobten eine Konsularbescheinigung in deutscher und thailändischer Sprache aus. Diese ist dem thailändischen Standesbeamten bei der Eheschließung vorzulegen. Die Bearbeitungszeit für die Ausstellung durch die Botschaft liegt in der Regel bei zwei bis drei Arbeitstagen.

Diese Konsularbescheinigung bedarf zusätzlich einer Überbeglaubigung durch das thailändische Außenministerium in Bangkok – es sei denn, die Eheschließung findet beim Standesamt Bang Rak in Bangkok statt. Somit war der Ort der Heirat schon vorherbestimmt.

Für die Beantragung des Visums für Ehegattennachzug benötigten wir folgende Unterlagen:
zwei Kopien der Datenseite des Reisepasses, zwei
biometriefähige Passfotos, zwei vollständig aus-
gefüllte Antragsformulare für nationale Visa,
legalisierte thailändische Heiratsurkunde mit
deutscher Übersetzung, legalisierter thailändischer Heiratsregisterauszug mit deutscher
Übersetzung sowie Nachweis über Grundkenntnisse der deutschen Sprache.

Der Plan war folgender: Sofort nach dem
Standesamt wollten wir zu einem vereidigten
Übersetzer für die thailändische Sprache gehen,
um die Heiratsurkunde und den Heiratsregister-
auszug ins Deutsche übersetzen zu lassen.
Unmittelbar darauf wollten wir die Über-
setzungen bei der deutschen Botschaft in
Bangkok legalisieren lassen.

Zudem musste Lilli nach der Hochzeit ihren
Reisepass auf ihren neuen Familiennamen
ändern lassen. Bei dem üblichen Verkehr in
Bangkok würde dies auch einen Tag in Anspruch
nehmen.

Ich rechnete mit dem rechtskräftigen Scheidungsurteil am 23. September 2008. Also beschloss ich,
am 26. September nach Thailand zu fliegen.
Nachdem ich den Hin- und Rückflug bereits
gebucht hatte, teilte mir meine Anwältin mit,
dass ich das Scheidungsurteil direkt beim
Amtsgericht abholen könnte, allerdings erst zu
einem späteren Zeitpunkt. Wir könnten uns Ende
September mit dem Gericht in Verbindung

setzen, dann würden jedoch noch die Empfangsbekenntnisse der Rentenversicherungsträger fehlen, genauso wie das Notfristzeugnis, das vom Oberlandesgericht kommen und bestätigen würde, dass keine Berufung eingegangen war. Vor Anfang Oktober würde ich das Urteil jedenfalls nicht abholen können.

Jetzt flippte ich aus. Wenn wir nicht Anfang November verheiratet wären, dann würde ich weitere sechs Monate von Lilli getrennt sein, weil ich im November nach Indien musste. Meine Emotionen kochten über. Hatte ich mich bis dahin noch einigermaßen unter Kontrolle, wollte ich jetzt vor lauter Zorn irgendwo hineinschlagen.

Verheiratet sein kann man in einer halben Stunde. Wenn man sich jedoch trennen möchte, weil man in einer physisch und psychisch zu belastenden Beziehung gefangen ist, benötigt man hierfür drei Jahre. Ich empfand und empfinde dies als sehr gestört und grotesk.

Nach geraumer Zeit beruhigte ich mich wieder und versuchte, einen klaren Verstand zu bewahren. Zuerst ging ich zum Standesamt meiner Heimatgemeinde und besprach mich mit dem Standesbeamten, der das Ehefähigkeitszeugnis ausstellen sollte. Er stellte fest, dass sämtliche Unterlagen von Lilli, die bereits in die deutsche Sprache übersetzt und legalisiert vorlagen, schon älter als sechs Monate waren. Ich erklärte ihm, dass meine Exfrau die Scheidung lange Zeit verschleppt hatte – in Zusammenarbeit mit den Anwälten und dem Gericht. Wenn ich jetzt alle Unterlagen noch einmal beschaffen müsste, könnte ich mir auch gleich eine Kugel durch den Kopf jagen. Er sah mich verständnisvoll an und erklärte mir, dass er nicht darauf bestehe. Ich bat seine Mitarbeiterin, die ich sehr gut kannte, mir das Ehefähigkeitszeugnis zum 26. September 2008 vorzubereiten. Ich würde es am Vormittag abholen.

Danach besorgte ich mir den telefonischen Kontakt des Urkundsbeamten am Oberlandesgericht und schilderte ihm meine Geschichte im Kurzen. Zu meinem großen Glück hatte ich einen sehr verständnisvollen Beamten am Apparat, der mir seine Unterstützung zusicherte. Er versprach mir, das Notfristzeugnis am 24. September 2008 per Telefax an das Amtsgericht zu übermitteln.

Jetzt musste ich nur noch den Urkundsbeamten am Amtsgericht ausfindig machen. Ich setzte mich ins Auto und fuhr in unsere Kreisstadt. Im Amtsgebäude orientierte ich mich an den Türschildern. Als ich fündig wurde, klopfte ich an die schwere Tür und betrat die Amtsstube.

Ein Mann im mittleren Alter saß hinter zwei riesigen Stapeln von Dokumenten. Er sah mich mit fragendem Blick an, um sich sogleich nach meinem Anliegen zu erkunden. Ich setzte mich ihm gegenüber und schilderte – wie schon so oft zu dieser Zeit – in kurzen Worten meine derzeitige Situation.

Auch dieser Mann war sehr freundlich und versprach mir zu helfen. Wenn das Notfristzeugnis am 24. September 2008 auf seinem Tisch läge, würde er mir am selben Tag eine mit

Rechtskraftvermerk versehene Teilausfertigung fertig machen. Somit könnte ich das rechtskräftige Urteil am 25. September 2008 bei ihm abholen.

Wenn die Herren Kastner und Kiefer nicht gewesen wären, dann hätte ich in diesen Tagen den Glauben an Beamte mit vorhandener Empathiefähigkeit verloren. Diese Fähigkeit, sich in andere Wesen hineinzufühlen und Mitgefühl zu empfinden ist ein zentraler Aspekt der emotionalen Intelligenz und wichtig für das gesellschaftliche Zusammenleben. Ich möchte mich an dieser Stelle bei beiden Herren vielmals für ihr Verständnis bedanken.

Einen weiteren wichtigen Termin hatte ich bei der Ausländerbehörde im Landratsamt, denn beim Visum für Ehegattennachzug ist Wert auf eine sorgfältige Antragstellung zu legen, um es der Ausländerbehörde möglichst einfach zu machen, die Aufenthaltserlaubnis sofort zu erteilen. Ich hatte den zuständigen Beamten, Herrn Federer, gebeten, mir eine E-Mail zu senden, sobald er die Zustimmung für das Visum an die deutsche Botschaft übermittelt hatte.

Jetzt hatte ich alle Vorbereitungen getroffen, die für eine reiblungslose Abreise notwendig waren. Zum Schluss kaufte ich eine Flasche Dom Pérignon und eine Cohiba Robusto für die Hochzeit. Das erste Mal in meinem Leben hatte ich nun die Chance auf eine glückliche und erfüllende Beziehung.

Schließlich war der 24. September gekommen und die Nervosität legte meinen ganzen Körper lahm. Am späten Vormittag rief ich Herrn Kastner in Nürnberg an, um in Erfahrung zu bringen, ob eine Anfechtung des Scheidungsurteils vorlag. Als er dies verneinte, brach ich in Tränen aus und bedankte mich für diese außerordentlich gute Nachricht. Er versicherte mir, er würde das Notfristzeugnis noch am selben Tag an das Amtsgericht senden.

Die erste Hürde war genommen und jetzt traute ich mich sogar noch, ein Hotel in Hua Hin zu buchen, damit ich Lilli mit einer Woche Honeymoon überraschen konnte. Das ersparte Geld vom Erbe meiner Mutter war nun fast aufgebraucht, jedoch war ich so glücklich, dass ich bei mir dachte: Pfeif drauf.

Am nächsten Tag wartete ich bis zum frühen Nachmittag, um Herrn Kiefer beim Amtsgericht anzurufen. Er bestätigte mir den Eingang des Notfristzeugnisses und bestätigte, dass ich das rechtskräftige Urteil abholen könne.

Ich setzte mich sofort ins Auto und wollte Herrn Kiefer am liebsten in die Arme nehmen und an mich drücken, als er mir das Urteil überreichte. All das war natürlich nur dadurch möglich, dass wir im Büro schon lange mit Vertrauensarbeitszeit arbeiteten. So konnte ich tagsüber die zahlreichen Behördengänge erledigen.

Der Tag meiner Abreise war nun endlich gekommen und ich war sehr aufgeregt, als ich den morgendlichen Anruf von Lilli entgegennahm.

Jetzt trennten uns nur noch 24 Stunden voneinander, und ich würde danach keine Trennung
mehr akzeptieren.

Nach dem Frühstück ging ich zum Standesamt
und holte mir mein Ehefähigkeitszeugnis ab. Die
mir bekannte Mitarbeiterin wünschte mir zum
Abschied viel Glück. Dann fuhr ich zum
Flughafen nach München, denn die Koffer hatte
ich schon Tage zuvor gepackt.

Hochzeit in Thailand

Wie immer vor der Landung erhielt ich im
Flugzeug ein Einreiseformular. Bei der Frage
nach dem Grund des Besuches in Thailand
schrieb ich nun voller Stolz: »Heirat mit meiner
thailändischen Verlobten«.

Abt Luang Pho Lai hatte den Termin der
buddhistischen Hochzeit für den 11. Oktober
2008 festgelegt und Lilli hatte bereits mit den
Vorbereitungen begonnen. Am 27. September traf
ich gegen 13 Uhr in Bangkok ein. Als ich Lilli im
Flughafengebäude sah, lief ich auf sie zu und es
folgte eine lange und innige Umarmung. Ich
versprach ihr, dass ich sie jetzt nie wieder alleine
lassen würde.

Seit dem Beratungstermin bei der Ausländerbehörde unserer Kreisstadt war über ein Jahr
vergangen. Es sollte das längste Jahr unseres
Lebens werden, und keiner von uns hatte eine
solche Odyssee damals für möglich gehalten.

Die letzten Wochen hatten mich sehr
mitgenommen, doch zum Entspannen gab es

noch keinen Anlass. Wir hatten einen Berg bürokratischer Hürden abzuarbeiten. Eine deutsch-deutsche Ehe kann romantisch geplant werden, während es bei einer bilateralen Eheschließung im Vorfeld jede Menge Hindernisse aus dem Weg zu räumen gilt.

Deswegen begaben wir uns zum Wat San Lak Muang, wo Bangkoks Stadtpfeilerschrein steht. Es handelt sich um einen der ältesten, heiligsten und prächtigsten Stadtsäulenschreine in Thailand. Er soll den Menschen Wohlstand und Erfüllung in ihrer Arbeit und Karriere bescheren, Unglück abwenden und ihr Glück, ihre Macht und ihr Prestige verbessern, wenn sie sich davor verbeugen und dem heiligen Ort Respekt erweisen. Der Schrein befindet sich im Herzen Bangkoks, gegenüber dem Großen Palast. Er liegt in der südöstlichen Ecke des Sanam Luang, nahe des Verteidigungsministeriums.

Im Inneren des Schreins steht eine sehr schwere Buddhafigur. Wenn es einem Gläubigen möglich sein sollte, diese Figur anzuheben, dann erfüllen sich seine Wünsche, so sagt man.

Wir mussten uns natürlich hinten anstellen, denn es waren einige Menschen vor Ort, um das Ritual auszuführen. Doch keinem von ihnen gelang es, die Figur in die Höhe zu heben.

Wat San Lak Muang in Bangkok.

Doch dann kam Lilli an die Reihe. Sie wünschte sich die Erteilung des Visums, unsere gemeinsame Heimreise nach Deutschland und eine gemeinsame Tochter. Zuerst setzte sie sich vor die Statue und betete. Sie ließ sich sehr lange Zeit und konzentrierte sich auf ihr Vorhaben. Und tatsächlich gelang es ihr dann, die Figur anzuheben, woraufhin ein Raunen durch den Saal ging.

Schweigend verließen wir den Raum. Draußen führten thailändische Tänzerinnen in traditionellen Kostümen klassische Tänze vor. Meine Gedanken waren aber immer noch bei der Buddhafigur und ich fragte mich, ob ich selbst sie hätte hochheben können, nachdem ich das Versagen zweier anderer Leute beobachtet hatte.

Nach der Anreise tags zuvor war ich sehr hungrig und wir begaben uns zum Amulet Market. An diesem Ort treffen sich Verkäufer von Amuletten und Talismanen, um ihre Waren feilzubieten. Im sehr spirituellen Thailand ist der Glaube an Amulette, die Unglück abwenden, Glück bringen oder Krankheiten heilen, sehr groß. Auf dem Amulettmarkt gibt es für jedes Problem ein entsprechendes Gegenmittel. Diesbezügliche Amulette sind häufig in Form eines Buddha gestaltet.

Wir aßen Streetfood in einem preisgünstigen Lokal. Die Gerichte kosteten nur 30 bis 40 Baht und schonten unseren Geldbeutel.

Am nächsten Tag fuhren wir zur deutschen Botschaft, um die Konsularbescheinigung zu beantragen. Das Merkblatt auf der Homepage der deutschen Botschaft besagte, dass zur Ausstellung der Konsularbescheinigung zunächst Kopien des Ehefähigkeitszeugnisses und der Reisepässe genügten. Aufgrund meiner bisherigen Erfahrungen nahm ich zusätzlich das Original mit. Ich wollte hier einfach sichergehen.

Und tatsächlich befahl mir die Regierungsamtfrau Hart in arrogantem Ton, die entsprechenden Originale vorzulegen. Meinen Einwand bezüglich der Kopien wischte sie mit einer Geste weg und erklärte mir, dass sie bestimme, was ich vorzulegen hätte.

Ich fragte sie: »Wenn ich jetzt auf die Homepage der deutschen Botschaft vertraut und nur Kopien dabei gehabt hätte, müsste ich dann wieder einen neuen Termin bei Ihnen vereinbaren?«

»Natürlich müssten Sie einen neuen Termin für nächste Woche ausmachen!«, kam die spontane Antwort.

Ich dankte innerlich meiner Vorhersehung, die Originale mitzunehmen, denn so konnte ich den Antrag einreichen. In vier Tagen könnte ich die Konsularbescheinigung abholen, sagte Frau Hart.

Im Anschluss daran besichtigten wir den Baiyoke Tower in Bangkok, das dritthöchste Gebäude Thailands. Ohne Antenne ist der Wolkenkratzer 304 m hoch, mit Antenne sogar 328 m. Die Tiefgründung erfolgte mit Hilfe von Bohrpfählen in 65 m Tiefe. Der Tower wurde 1997 nach nur siebenjähriger Bauzeit fertiggestellt. Damals löste er das ein Jahr zuvor errichtete Jewelry Trade Center als höchstes Gebäude Thailands ab.

Neben Restaurants, Geschäften und wenigen Büros beherbergt der Tower das Baiyoke Sky Hotel. Er zählt mit seinen 85 Stockwerken zu den höchsten Hotelgebäuden der Welt. Das »Sky Walk Revolving Roof Deck« im 84. Stock bietet eine herrliche Aussicht über Bangkok. Restaurants befinden sich im 79. und 82. Stock und weitere Aussichtsplattformen jeweils im 78., 76. und 18. Stock.

Am folgenden Tag besuchten wir China Town. Dort wollten wir bei So Seng Heng Goldsmith Company Limited, dem ältesten Juwelier Bangkoks, unsere Eheringe kaufen. Die Innenwände des Shops waren ganz in Rot gehalten. Die Farben Rot und Gold bedeuten in der chinesischen Tradition Glück, weshalb die Mehrheit der Geschäfte mit der Farbe Rot dekoriert ist.

Thailändischer Goldschmuck besteht aus nahezu reinem Gold und hat einen Feinheitsgrad von 96,5 % (23,2 Karat = Gold 965). Zum Vergleich: Reines Gold hat einen Feinheitsgrad von 99,9 % (24 Karat = Gold 999). In Deutschland wird meist Gold mit einem Feingehalt von 18 Karat verwendet (75 % Goldanteil).

Die Herstellungskosten sind im Goldschmuck-geschäft zu vernachlässigen und betragen bei seriösen Händlern rund 1–5 % des Kaufpreises. Der Käufer bezahlt so fast nur den reinen

Goldwert des Schmucks, dessen Gehalt übrigens außen an den Geschäften angeschrieben sein muss. Echter Thai-Goldschmuck ist aus 23,2 Karat Gold gefertigt.

Nach dem Kauf der Ringe begaben wir uns zum Museum of Siam, das sich an der Sanam Chai Road in Bangkok befindet. Das Entdeckungsmuseum wurde 2007 im Gebäude des ehemaligen Handelsministeriums gegründet. Es soll die nationale Identität und Geschichte der Thailänder und ihre Beziehungen zu benachbarten Kulturen lehren. Das Motto des Museums lautet »Play + Learn«. Interaktive Exponate zeigen die Entwicklung Thailands von der Vergangenheit bis zur Gegenwart.

Die ursprüngliche Dauerausstellung des Museums trug den Titel »Essays on Thailand« und erforschte die Geschichte Thailands anhand verschiedener Aspekte. Jeder der Räume des Museums widmet sich einem anderen Thema: »Typisch Thai«, »Bangkok«, »Neues Ayutthaya«, »Dorfleben«, »Wandel«, »Politik und Kommunikation«, »Thailand und die Welt«, »Thailand heute«, »Thailand morgen«, »Einführung in Suvarnabhumi«, »Buddhismus«, »Gründung von Ayutthaya«, »Siam« und »War Room«.

Es gibt auch einen Kartenraum und ein immersives Theater mit einem langen Panoramabildschirm, auf dem Filme über Thailands Geschichte laufen. Das Museum bietet darüber hinaus temporäre Ausstellungen und Lernaktivitäten.

Am 2. Oktober konnten wir bei der deutschen Botschaft die Konsularbescheinigung abholen. Vor lauter Nervosität, die ich mir aber nicht vor Frau Hart anmerken ließ, unterschrieb ich an der falschen Stelle. Ärgerlich nahm sie die Dokumente zurück und schimpfte vor sich hin, dass sie die Unterlagen jetzt noch einmal neu zum Unterschreiben ausdrucken müsse. Was ich mir dabei dachte, könnte man mit einem Zitat von Götz von Berlichingen ganz treffend beschreiben.

Anschließend fuhren wir mit dem Taxi zum Standesamt im Bezirk Bang Rak, um zu heiraten. Es war eine formale Angelegenheit und keine persönlich gestaltete Trauung. Die standesamtliche Hochzeit gilt als staatliche Form der Eheschließung und geht der religiösen oder der freien Trauung stets voraus, denn eine Ehe ist nur dann rechtskräftig, wenn ein geprüfter Standesbeamter sie geschlossen hat.

Wir fuhren sodann schnurstracks in Richtung der deutschen Botschaft. Etwa 50 Meter davon entfernt befand sich das Übersetzungsbüro von Herrn Schottstädt, der uns die Heiratsurkunde in die deutsche Sprache übertragen sollte.

Zum Abschluss nahmen wir einen letzten Cappuccino im Starbucks in der South Sathorn Road. Diese Räumlichkeit verbanden wir mit vielen Erinnerungen der Hoffnung sowie der Entäuschung.

Am Abend fuhren wir mit dem Nachtbus nach Dong Kheng. Lilli ließ bei ihrer Heimatbehörde ihre Identitätskarte (Personalausweis) auf den

Familiennamen Rößler ändern. Außerdem musste sie das in Thailand so wichtige Familienbuch umschreiben lassen. Mit der thailändischen Unterschrift ihres aktuellen Namens hatte sie dabei allerdings noch Probleme.

Nach zwei Tagen in Dong Kheng kehrten wir zurück nach Bangkok. Wir schlenderten über den Chatuchak-Markt, um ein paar originelle Geschenke für unsere Freunde in Deutschland zu besorgen.

Der Chatuchak-Markt befindet sich im Bezirk Chatuchak, ist ein Paradies für Einkäufer, die gerne feilschen, und gilt als größter Markt Thailands. Er überdeckt eine Fläche von 1,13 km², die von mehr als 10.000 Ständen und kleinen Ladengeschäften genutzt wird. Das Angebot ist dabei äußerst vielfältig. Die Händler verkaufen Kleidung, Nahrungsmittel, Haushaltsgegenstände, Möbel, Antiquitäten, antiquarische Bücher und Zeitschriften, thailändisches Kunsthandwerk, Devotionalien und auch Lebendtiere.

In der Nähe liegt der Chatuchak-Park, der zum Verschnaufen einlädt. Dort verbrachten wir den restlichen Tag mit Tretbootfahren und dem Füttern von Fischen.

Am 6. Oktober fuhren wir mit dem Taxi frühmorgens zum Ministry of Foreign Affairs. Dort beantragte Lilli einen Reisepass mit ihrem neuen Familiennamen. Im Anschluss daran fuhren wir zum YMCA Building, um in der zwölften Etage bei Herrn Schottstädt die Übersetzungen der Heiratsurkunde abzuholen.

Diese mussten wir dann in der deutschen Botschaft legalisieren lassen. Danach fertigten wir die erforderlichen Kopien der legalisierten Unterlagen bei Herrn Schottstädt an.

Eine Verschnaufpause gönnten wir uns im Esplanade, einem Einkaufs- und Unterhaltungskomplex an der Ratchadaphisek Road im Stadtteil Din Daeng. Das siebenstöckige Einkaufszentrum wurde im Dezember 2006 eröffnet und liegt in der Nähe von Bangkoks berühmtem Nachtmarkt Ratchada Rot Fai. Es bietet eine große Auswahl an Einzelhandelsgeschäften und Restaurants. Außerdem beherbergt es das Esplanade Cineplex mit zwölf Sälen, die Eislaufbahn Sub-Zero, einen Tops-Supermarkt und das Ratchadalai Musical Theatre mit 1.500 Sitzplätzen. Im Oktober 2007 fand im Cineplex das 5. World Film Festival of Bangkok statt.

Am nächsten Tag gingen wir zu einem Schneider, der mir einen Maßanzug für die Hochzeitszeremonie fertigen sollte. Der Name der Firma lautete Chaiyo, sie befand sich in der Pradipat Road. Der Schneider nahm meine Maße auf und zeigte mir ein paar Stoffe, welche er für den Anzug vorschlagen würde.

Nach ein paar Tagen war das edle Kleidungsstück fertig. Der Nadelstreifenanzug war von hoher Qualität, saß perfekt und sah sehr schick aus.

Wir holten Lillis neuen Reisepass im Department of Consular Affairs ab, das sich in der Chaeng Watthana Road befand. Danach kauften wir im

224

92 Jahre alten Hauptbahnhof Hua Lamphong die Fahrkarten für die Zugfahrt nach Hua Hin – dem Ort unserer Flitterwochen.

Am nächsten Morgen folgte der Gang zur deutschen Botschaft, um das Visum für den Ehegattennachzug zu beantragen.

Die Investitionen, die wir bis dahin getätigt hatten, um zu heiraten und zusammen leben zu dürfen, beliefen sich inzwischen auf 15.995 Euro. Die Summe enthielt die Kosten für Flüge, Versicherungsgebühren, Unterkünfte in Thailand, Antragsgebühren für Visa, Gebühren für Übersetzungen, Legalisationen, Verpflichtungserklärungen, Verpflegung, Goethe-Institut, Fahrtkosten, etc.

Am Abend fuhren wir mit einem VIP-Nachtbus des Unternehmens Chan Tours nach Muang Pon, wo wir erst mitten in der Nacht gegen 2 Uhr ankamen. Unseren Reiseweg nach Dong Kheng über Nong Song Hong setzten wir mit einem Tuk-Tuk-Taxi fort. Tuk-Tuks gibt es mit einer oder mit zwei Sitzreihen und drei bis sechs Passagiere finden darin Platz. Das Tuk-Tuk ist kurz gesagt eine motorisierte Form der klasssichen Rikscha. Die Ursprünge gehen aber höchstwahrscheinlich bis ins 19. Jahrhundert in Tokyo zurück. So exportiert Japan bereits seit 1934 Tuk Tuks nach Thailand.

Nach unserer Ankunft in Dong Kheng begannen die Vorbereitungen für die buddhistische Hochzeit. Am Morgen legten wir Opfergaben für die verstorbenen Großeltern nieder. Ein Schweinekopf und Früchte wurden hierfür ausgewählt.

Danach erstellte Lilli eine Einkaufsliste und wir begaben uns zusammen mit ihrem Cousin ins 10 km entfernte Nong Song Hong. Dort angekommen bestellte Lilli auf dem Markt Fleisch, Obst, Gemüse, Fisch und Klebreis. Bei der Getränkehändlerin Nong Lek orderte sie Getränke.

Wieder zu Hause erledigte Lilli die Bügelwäsche ihrer Eltern. Ein Florist aus Dong Kheng verzierte das ganze Haus mit Blumenschmuck, denn in Thailand findet die Hochzeit traditionell bei den Brauteltern statt.

Im Garten wurden Baldachine aufgebaut, darunter fanden Tische und rote Plastikstühle Platz. Dann fuhr ein Truck in die Einfahrt, vollbeladen mit riesigen Lautsprecherboxen, und hielt im rückwärtigen Garten.

Lillis Mutter und ihre Freundin Mae Sing saßen in einer Ecke und fertigten die Armbänder (Sai Sin) an, die uns während der Hochzeitszeremonie umgelegt werden sollten. Sie bestanden aus weißer Baumwolle und mussten zu Beginn der Zeremonie von den Mönchen geweiht werden.

Irgendwie wurde mir langweilig, da ich nichts zu tun hatte, als den Leuten bei ihrer Arbeit zuzusehen. Lilli hatte aber ein besonderes Gespür dafür und packte mich am Arm, nahm sich ein Essenspaket aus der Küche und so fuhren wir mit dem Scooter zu einem kleinen See am Dorfeingang, um dort zu picknicken.

Wir sprachen über das Brautgeld, das nicht mehr so üppig ausfallen würde, da meine gesamten Reserven langsam aufgebraucht waren.

Schweinekopf als Opfergabe für die verstorbenen Großeltern.

Lilli sagte, dass sie schon mit ihrer Mutter darüber gesprochen hatte. Wir sollten das Geld nur zum Schein für die Leute hinlegen, um es dann von ihrer Mutter wieder zurück zu bekommen. Bei unserer Rückkehr stand ein riesiger, vollbeladener Coca-Cola-Lastwagen vor der Einfahrt. Es war ein Hochzeitsgeschenk von Lillis Cousin, dem Sohn des Muay-Thai-Trainers, der bei Coca-Cola als Manager arbeitete.

Die Hochzeitsvorbereitungen dauerten die ganze Nacht und ich konnte kaum ein Auge zutun. Es wurden Kräuter und Gewürze im Mörser zerstoßen, es wurde gekocht und gegackert. Das ununterbrochene Stimmengewirr dröhnte mir in den Ohren. Lilli war bis in die Früh beschäftigt, ohne eine Mütze Schlaf abzubekommen.

Am Morgen wanderte mein getrübter Blick durch das Zimmer. Ich sah einen Hochzeitsvorbereiter, der sich professionell um Lillis Make-Up kümmerte.

Müde wälzte ich mich aus dem Moskitonetz, um meine morgendliche Körperpflege zu verrichten. Das eiskalte Wasser machte mich im Nu wieder hellwach. Es war Zeit, dass ich mich in Schale warf, denn sämtliche Vorbereitungen für das Eintreffen der Mönche waren bereits abgeschlossen.

Viele fleißige Helferinnen und Helfer hatten mit Liebe die verschiedensten lokalen Schmankerln kreiert. Besonders die Schwester von Lilli, Ba Nuek, hatte sich bei der Zubereitung der Speisen sehr viel Mühe gegeben. Sie betrieb in Bangkok ein Restaurant.

Die Hochzeitszeremonie begann. Neun Mönche kamen ins Haus meiner Schwiegereltern, um aus dem Pali-Kanon zu rezitieren. Der Pali-Kanon ist in der Sprache Pali verfasst. Er ist die älteste, zusammenhängend überlieferte Sammlung von Lehrreden des Buddha Siddhartha Gautama. Während der Lesung waren alle Mönche mit einem weißen Baumwollbändchen verbunden.

Als die Mönche mit ihren Gebeten fertig waren, gingen sie hinaus, um die bereitgestellten Opfergaben entgegenzunehmen.

Buddhistische Mönche dürfen nur bis 12 Uhr mittags etwas essen. Sie sind in Thailand hoch respektiert, daher verbietet es sich, oberhalb eines Mönchs zu stehen oder sich über ihm zu positionieren. Es ist Mönchen auch nicht erlaubt, Frauen zu berühren. Möchte ein Mönch einer Frau etwas überreichen, legt er es vor ihr ab und sie nimmt es dann auf. In Verkehrsmitteln darf ein Mönch nicht neben einer Frau Platz nehmen. (Wenn Sie also eine Frau sind, setzen Sie sich bitte niemals neben einen Mönch. Er würde dadurch genötigt, aufzustehen.) Ein Mann kann sich neben einen Mönch setzen, hält aber einen respektvollen Abstand ein.

Vom ranghöchsten buddhistischen Mönch erhielten wir ein geweihtes Amulett, das Gesundheit, Glück und Wohlstand bescheren sowie böse Geister von uns fernhalten sollte. Des Weiteren überreichte er uns je ein kunstvoll geflochtenes Sai-Sin-Armband mit einem Takrut. Die Mönche hatten das Amulett mit Segensformeln ausgestattet, die vor bösen Geistern schützen sollen.

Als die Mönche sich verabschiedet hatten, setzten wir uns als Brautleute am aufgebauten Altar zur Wassersegnung (Lot Naam) nieder. Der älteste Hochzeitsgast behing uns mit einer Blumengirlande aus Jasminblüten, die dazu diente, die bösen Geister abzuschrecken.

Dann setzte uns der Zeremonienmeister Pho Yai Wat – ein Großcousin von Lilli – je einen geflochtenen Kopfschmuck auf, die beide miteinander verbunden waren. Des Weiteren malte er uns drei weiße Punkte auf die Stirn, die als besonderer Glücksbringer gelten.

Die ganze Zeit über saßen wir mit gefalteten Händen vor einer riesigen Schar von Verwandten und Freunden. Das Wasser rann mir die Schläfen hinunter und ich bat um Beistand, dass die Schwitzerei sich bitte in Grenzen halten möge.

Ein weißes Baumwollband umrundete den ganzen Altar vor uns. Damit waren auch unsere Hände und die Hände des Zeremonienmeisters verbunden. Dieser kniete uns gegenüber vor dem Altar und sprach aus dem Pali-Kanon vor. Während er ins Mikrofon hauchte, beteten ihm die Gäste nach.

Vor uns auf dem Altar befand sich eine geschmückte Schale mit einer großen weißen Muschel. Daneben standen zwei Behälter mit Wasser und ein riesiger, mit Blumen geschmückter Korb.

Zeremonienmeister Pho Yai Wat.

Als der Zermonienmeister mit seinem Singsang in Pali fertig war, kam meine Schwiegermutter Mae Lek mit einem Sai-Sin-Armband. Sie legte uns das weiße geweihte Baumwollband um das Handgelenk und band es mit einem Knoten zu. Dabei wurden Beschwörungsformeln gemurmelt, die mit Glück, Gesundheit und Wohlstand verbunden waren. Danach stellten sich die Gäste gemäß ihrer Rangordnung vor uns auf und wiederholten die Zermonie mit weiteren Armbändern.

Im Anschluss daran überreichte uns Pho Yai Wat Wasser, Klebreis und ein gekochtes Ei, von dem jeder von uns beiden kostete. Die zugrunde liegende Symbolik und Spiritualität bedeutet Wohlstand, Fruchtbarkeit, ausreichend Nahrung und den Erhalt der Dynastie.

Dann folgte die Übergabe des Brautgelds (Sin Sod) an die Brauteltern, was von der gesamten Hochzeitsgesellschaft genau beäugt wurde. Die Summe, die als Brautgeld gezahlt wird, richtet sich nach der sozialen Stellung und dem Reichtum der Familie. Wir mussten diesen Brauch vollziehen, ansonsten hätte Lilli gegenüber ihrer Familie und dem ganzen Dorf ihr Gesicht verloren.

Nun übergaben die Verwandten und Freunde kleinere und größere Geldgeschenke in geschlossen Kuverts, die in einem mit Blumen geschmückten Korb hinterlegt wurden.

Nach dieser Prozedur erhielt Lilli mein Brautgeschenk: ein Armband aus Gold. Es diente als erste Rate ihrer Zukunftssicherung. Jetzt endlich durfte ich die Braut küssen, und das sogar in aller Öffentlichkeit.

Zum Schluss knieten wir vor dem Altar und legten unsere Unterarme darauf ab. Sämtliche Hochzeitsgäste übergossen unsere nach unten gebeugten, gefalteten Hände mit gesegnetem Wasser. Dieses befand sich in einem Pokal, der mit Blumenornamenten geschmückt war. Bei der Wassersegnung wollen die Gäste ihren Respekt und ihre Glückwünsche gegenüber dem Brautpaar kundtun.

Es folgten zahlreiche fotografische Aufnahmen mit den Gästen. Dann war der feierliche Teil vorbei und der gemütliche konnte beginnen.

Als ich nach der Zeremonie aus dem Haus trat, sah ich zum ersten Mal unser riesiges Brautpaar-Porträt am Eingang, das wir vorher in Bangkok aufgenommen hatten. Ein wundervolles Blütenarrangement umrahmte das Bild, genauso wie der prachtvolle Blumenschmuck auch das Haus umrahmte und von innen schmückte.

Die Gäste genossen das vielfältige Essen und den französischen Weinbrand, den ich mitgebracht hatte. Das erste Mal in ihrem Leben kosteten sie einen Cognac und ich erläuterte ihnen, dass er pur am besten schmecke. Ein guter Cognac begeistert Schluck für Schluck durch seine samtige Aromenfülle. Dafür sorgt unter anderem die Holzfasslagerung, die auch für die bernsteinartige Farbe verantwortlich ist.

Mit meinem Schwager rauchte ich die mitgebrachte Cohiba Robusto. Lilli zog in einer überschwänglichen Laune an der Zigarre und erntete einen langanhaltenden Hustenanfall.

Nachdem alle gestärkt waren, begannen die traditionellen Tanzeinlagen, zu denen ohrenbetäubende Musik aus den überdimensionalen Lautsprechern dröhnte. So konnten auch die Nachbardörfer mitfeiern, denn die Klänge waren sicherlich weit zu hören.

Die Hochzeitsnacht verbrachten wir in einem Resort in Nong Song Hong. Unterdessen feierten die Gäste bis zum Morgen durch. Ich war froh, in der Unterkunft endlich Ruhe zu finden, denn ich konnte schon in der vorangegangenen Nacht nicht schlafen.

Den Tag nach unserer Hochzeit nutzten wir, um den Prasat Hin Phimai zu besuchen. Dieser Geschichtspark umfasst die Ruinen von Phimai, einer alten Stadt mit einem Tempelbezirk des Khmer-Reiches von Angkor. Sie liegt im Nordosten Thailands in der Provinz Nakhon Ratchasima. Phimai wurde im 11. Jahrhundert befestigt und zu einem geistigen Zentrum des Khmer-Reiches ausgebaut.

Südlich von Phimai liegt die Tempelanlage Prasat Hin Phanom Wan. Dort gibt es eine Inschrift aus dem Jahr 1082, die in Sanskrit und in Khmer verfasst ist. Sie erwähnt die Stadt Phimai zusammen mit dem König Jayavarman VI. Etwa ein Jahrhundert später wird die Stadt in der Inschrift von Preah Khan als Endpunkt einer 225 km langen Straße beschrieben, die Phimai mit der Hauptstadt Angkor verband.

In den Jahren 1296 und 1297 hielt sich der chinesische Botschafter Zhou Daguan in Angkor auf. Er verfasste einen detaillierten Bericht, in dem er P'u-mai als eine von rund neunzig Provinzen des Khmer-Reiches nannte.

Prasat Hin Phimai.

Am Tag darauf verabschiedeten wir uns von den lieben Menschen in Dong Kheng und fuhren mit Lillis Söhnen in Richtung Bangkok.

Auf dem Weg machten wir einen Zwischenstopp, um den Tempel Phanom Rung zu besichtigen. Der Tempelbezirk befindet sich auf einem erloschenen Vulkan etwa 50 km südlich der Provinzhauptstadt Buri Ram. Frühe Inschriften aus dem 7. oder 8. Jahrhundert deuten darauf hin, dass hier einst ein Tempel aus der Chenla-Periode stand. Im Wesentlichen stammt die Anlage aber aus dem 10. bis 12. Jahrhundert und ist der Angkor-Periode der Khmer-Kultur zuzuordnen.

Der Prasat Hin Khao Phanom Rung ist wohl eines der eindrucksvollsten Baudenkmäler der Khmer in Thailand. Die Gegend wurde durch ein von Angkor weitgehend unabhängiges Fürstentum der Dynastie Mahidharapura zwischen dem 9. und dem 13. Jahrhundert beherrscht.

Die Tempelanlage liegt in 381 m Höhe und symbolisierte einst die Wohnstätte Shivas auf dem heiligen Berg Kailash. Sie wurde zwischen dem frühen 10. Jahrhundert und dem späten 12. Jahrhundert von den damals dort herrschenden Khmer errichtet. Wesentliche Erweiterungen wurden während der Herrschaft von König Suryavarman II. durchgeführt.

Wie bei anderen Tempeln auf Bergspitzen (zum Beispiel Prasat Preah Vihear und Phnom Chisor) wurde auch hier die Architektur an die natürlichen Gegebenheiten angepasst. Eine lange Trep-

pe führt hinauf zum wichtigsten Bezirk von
Phanom Rung.

Prasat Hin Khao Phanom Rung in Buri Ram.

Der eigentliche Tempel wird über einen 160 m langen, erhöhten Fußweg erreicht, der von Säulen flankiert ist und auf die Naga-Brücke zuführt. Diese Brücke symbolisiert den Übergang aus der profanen in die geheiligte Welt. Eine weitere Treppe leitet den Besucher zu einem Bereich mit vier Bassins. An ihnen vorbei gelangt man über eine zweite Brücke in den eigentlichen Tempel.

Phanom Rung ist bekannt für die sorgfältig ausgeführten Steinmetzarbeiten, die unter anderem einen Kriegselefanten zeigen, der einen Feind niedertrampelt. Dies mag eines der ersten historischen Kunstwerke aus der Angkor-Zeit sein. Die meisten anderen Darstellungen verehren Shiva und die Askese. Die elf Inschriften von Phanom Rung sind besonders interessant, da sie eine Darstellung der regionalen Organisation von Angkor enthalten. Über eine Straße, die heute durch einen Dschungel führt, war der Tempel einst mit dem Prasat Hin Phimai und der Tempelstadt Angkor-Wat im heutigen Kambodscha verbunden.
Die nächsten Tage verbrachten wir in Bangkok und warteten auf die Abreise nach Hua Hin, wo wir unsere Flitterwochen verbringen würden.
Die Reise begann im Bahnhof Hua Lamphong, dem Hauptbahnhof von Bangkok. Dieser liegt in der Innenstadt im Bezirk Pathum Wan. Hua Lamphong ist der zentrale Knotenpunkt im Verkehrswegenetz der Thailändischen Staatseisenbahn. Das Bahnhofsgebäude wurde im Stil

der italienischen Neorenaissance errichtet und umfasst eine Dachkonstruktion aus Stahl und Holz mit Buntglasfenstern. Architekt war der in Turin geborene Italiener Mario Tamagno (1877–1941), der zusammen mit seinem Landsmann Annibale Rigotti (1870–1968) Anfang des 20. Jahrhunderts an zahlreichen öffentlichen Bauprojekten in Bangkok beteiligt war. Die zentrale einschiffige Empfangshalle, in der wir auf unseren Zug warteten, dominierte das Gebäude.

Die Zugfahrt verlief bei offenem Fenster recht ereignislos. Weite Teile der Landschaft wirkten kahl und trostlos, und nur die unmittelbare Umgebung von Bangkok einige Kilometer außerhalb konnte man als hübsch bezeichnen.

Es dauerte etwa viereinhalb Stunden, bis wir Hua Hin erreichten. Vom Bahnhof aus brachte uns eine Fahrrad-Rikscha zum Hotel Hua Hin Marriott Resort & Spa. Lilli war absolut hingerissen von meiner Hotelauswahl und so konnten wir nun endlich unsere Flitterwochen genießen.

Am ersten Abend holte ich die Flasche Dom Pérignon aus dem Koffer. Der Benediktinermönch Pierre Pérignon entdeckte eine Methode zur Herstellung eines einzigartigen, frischen und geschmacksintensiven Champagners. Doch Lilli konnte sich für den Geschmack des edlen Schaumweins leider nicht wirklich begeistern.

Hua Hin ist das älteste Seebad Thailands und wird oft in einem Atemzug mit dem Ferienort Cha-Am erwähnt, der nur 25 km entfernt liegt. Der Aufstieg des verschlafenen Fischerdorfs zum

Touristenzentrum begann 1921 mit dem Bau der Eisenbahnstrecke von Bangkok nach Singapur. Der Direktor der staatlichen Eisenbahn, Prinz Purachatra, ließ das Railway Hotel in unmittelbarer Nähe zum Strand errichten. Das Hotel existiert noch heute, gehört mittlerweile zur Centara-Kette und war ursprünglich nur für Fahrgäste der Eisenbahn gedacht. Mittlerweile hatte der Tourismus aber Einzug in Hua Hin genommen.

So genossen wir die entspannenden folgenden Tage. Unter anderem unternahmen wir einen Elefantenritt in luftiger Höhe zu zweit. Ich durfte als Mahut direkt hinter den Ohren des Elefanten Platz nehmen und Lilli saß mit einem Sonnenschirm auf einer Art Sänfte auf seinem Rücken.

Eines frühen morgens probierten wir uns im Tennis, was folgendermaßen aussah: Ich schlug auf und Lilli drosch den Ball zurück, der dann übers Netz flog, wo ich ihn anschließend suchen musste.

Außerdem versuchten wir uns an einem original Schweizer Fondue. Auch dieses Erlebnis war für Lillis Geschmacksnerven kein wirklicher Reiz. Deswegen nutzten wir die Gelegenheit und besuchten das bekannte Chao Lay Seafood Restaurant, das direkt am Strand von Hua Hin lag und einen schönen Panoramablick bot. Zu einer ruhigen Meeresbrise konnte man hier eine riesige Auswahl an frischen Meeresfrüchten genießen, darunter Tintenfisch, Garnelen oder Austern. Viele Arten, die sich in den Ozeanen der

Erde heimisch fühlen, landeten hier als Delikatesse auf dem Teller.

Nach unseren Flitterwochen kehrten wir zurück nach Bangkok, von wo aus wir uns auf den Weg nach Nakhon Pathom machten. Die Stadt liegt etwa 50 km westlich von Bangkok, inmitten einer weiten Ebene, die von Wasserläufen durchzogen ist. Schon seit dem späten 18. Jahrhundert wird hier Zuckerrohr angebaut. Alte Reiseberichte beschreiben, dass nahe Nakhon Pathom am Fluss Tha Chin alle 4 bis 5 km Zuckerfabriken standen. Sie waren von rund zehn bis fünfzehn Häusern umgeben und fest in chinesischer Hand.
Mein Interesse an diesem Ort galt dem Phra Pathom Chedi, der mit 127 m der höchste buddhistische Chedi weltweit ist. Die frühesten schriftlichen Aufzeichnungen über dieses Bauwerk reichen bis ins Jahr 675 n. Chr. zurück, doch deuten archäologische Ausgrabungen darauf hin, dass bereits im 4. Jahrhundert ein erster Chedi errichtet worden war.
Nach der Eroberung des Landes durch die Khmer wurde der Chedi mit einem Prang überbaut, der später vom Dschungel bedeckt wurde. Die Ruine wurde im 19. Jahrhundert wiederentdeckt, als der spätere König Mongkut (Rama IV.) als Wandermönch durch die Wälder Nakhon Pathoms streifte. Nach seiner Krönung ordnete er an, hier eine neue und besonders wichtige buddhistische Stätte zu errichten. 17 Jahre später wurde das Bauwerk 1870 unter dessen Nachfolger König Chulalongkorn

(Rama V.) vollendet. Chulalongkorn ließ den Chedi später auch mit feinen chinesischen Ziegeln überziehen.

Den folgenden Tag verbrachten wir mit Lillis Jungs im Freizeitpark »Dream World«. Am meisten begeisterte sie das Winterwunderland »Snow Town«. Inmitten der realistisch nachempfundenen Indoor-Winterlandschaft war es durchaus interessant, so manchen Asiaten dabei zu beobachten, wie dieser wohl das erste Mal in seinem Leben Schnee sehen und berühren konnte.

Das »Dream World« bietet eine Rodelbahn, Schneemänner, künstliche Robben, ein Lebkuchenhaus sowie einen Weihnachtsbaum – und das alles bei -1 °C – und ist damit ein wahrer Wintertraum mitten in Bangkok.

Nach dem Abendessen ging ich zum Internetcafé um die Ecke, um meine Nachrichten zu überprüfen. Ich traute meinen Augen kaum, als ich dort las:

»Wir haben heute die Zustimmung für das Visum für die Familienzusammenführung an die deutsche Botschaft übermittelt.

Mit freundlichen Grüßen

Federer«

Erleichterung und grenzenlose Freude stiegen in mir auf. Wir schrieben den 23. Oktober 2008 und dies war der Tag eines wundervollen guten Omens, denn an diesem Datum feierten die Thailänder traditionell den Chulalongkorn-Tag zu Ehren des Königs Chulalongkorn, Rama V., der am 23. Oktober 1910 starb.

Reiterdenkmal vor dem Parlamentsgebäude in
Bangkok.

Chulalongkorn war von 1868 bis zu seinem Tod
König von Siam, dem heutigen Thailand.
Während seiner 42-jährigen Regierungszeit
öffnete sich Siam weiter dem Westen,
modernisierte sein Militär, Verwaltungssystem,

243

Bildungs- und Rechtswesen, baute die Infrastruktur aus und schaffte die Leibeigenschaft ab. Foltermethoden, die für westliche Augen als unmenschlich und barbarisch galten, wurden abgeschafft.

Im Jahre 1873 schaffte er auch noch die bis dahin übliche Niederwerfung der Untergebenen ab, die gezwungen wurden, sich vor jedem Mitglied des Königshauses auf den Boden zu werfen. Fortan mussten sie sich als Zeichen des Respekts nur noch verbeugen.

Am Abend des 23. Oktober pilgern unzählige Thais zum Reiterdenkmal von Rama V., um dem großen König durch Kranzniederlegungen ihre Hochachtung zu zollen. Auch festliche Paraden sowie traditionelle Tanz- und Gesangsvorführungen finden statt. Für die Vorführungen war der Bereich vor dem Reiterdenkmal abgesperrt. Aufgrund der Menschenansammlungen war es uns nicht möglich, nahe genug an die Veranstaltung zu gelangen.

Da hatte Lilli die glorreiche Idee, einen Absperrposten zu informieren, dass ich ein westlicher Journalist wäre, der einige Fotos für eine Illustrierte aufnehmen sollte. Das war die Eintrittskarte in den »Inner Circle«, der für das sonstige Publikum gesperrt war. Somit konnte ich mich im abgesperrten Bereich frei bewegen und wunderbare Momente der Zeremonie festhalten.

Visum für Deutschland

Gleich am nächsten Morgen begaben wir uns in die deutsche Botschaft in der Sathorn Road. Am zuständigen Schalter saß eine junge thailändische Botschaftsangehörige. Ich übergab ihr Lillis Reisepass und bat sie um das Visum für den Ehegattennachzug. Sie verschwand in die rückwärtigen Räumlichkeiten, um nach einer gewissen Zeit wieder zurückzukommen.

Daraufhin bekam ich von ihr die Auskunft, dass die zuständige Ausländerbehörde in Deutschland noch keine Zustimmung gegeben hätte.

Ich zog die Fotokopie der E-Mail von Herrn Federer aus meiner Tasche und legte sie ihr direkt unter die Nase, um ihr zu erwidern, dass diese Information falsch sei und die verantwortliche Ausländerbehörde in Deutschland bereits ihre Zustimmung erteilt hatte.

Sie sah sich den Zettel an und sagte mir, ich solle bitte zehn Minuten warten.

Wir setzten uns in den Gang. Bei dieser Gelegenheit lernte ich zwei junge Deutsche kennen, Kay und Sven, die mir von den gleichen Problemen mit der deutschen Botschaft in Bangkok berichteten. Wir tauschten unsere Adressen aus, um über unsere Erfahrungen mit der deutschen Botschaft in Bangkok einen Bericht zu verfassen und ihn an die Redaktion der Zeitschrift »Der Spiegel« zu senden.

Diesen Brief verfassten wir später dann auch tatsächlich. Auszugsweise hier das Resümee der Berichterstattung von Kay:

»Ich habe in meinem ganzen Leben noch nie eine solche Unfähigkeit und Unwissenheit gepaart mit Dreistigkeit und Überheblichkeit gesehen bzw. erfahren müssen. Mir drängen sich unweigerlich Gedanken auf, dass diese Vorgehensweise der deutschen Botschaft in Thailand politisch gewollt bzw. gesteuert wird. Ich prangere diese Missstände an und hoffe, durch deren Aufdeckung eine Veränderung zu erwirken.«

Wir stellten den Kontakt zum »Spiegel« her und erhielten auch eine Antwort vom Spiegel-Verlag Rudolf Augstein GmbH & Co. KG:

»Vielen Dank für Ihre Zuschrift. Die SPIEGEL-Redaktion freut sich über das Interesse an ihrer Arbeit und prüft, ob die Hinweise archiviert oder gegebenenfalls für die Berichterstattung berücksichtigt werden können.

Wie Sie sich vorstellen können, erhält der SPIEGEL zahlreiche Informationen und Anregungen zu Themen, die bisher vielleicht nicht genügend beachtet wurden. Bitte haben Sie Verständnis dafür, dass nicht jeder Vorschlag umgesetzt werden kann.

Leider können wir Ihnen nicht mitteilen, ob und wie Ihre Anregung in die SPIEGEL-Berichterstattung einfließen wird. Seien Sie aber sicher, dass die Redaktion sich mit Ihnen in Verbindung setzen wird, falls sie Fragen zu Ihrem Brief oder Ihrem Nachrichtenstoff hat.«

Die Wartezeit auf dem Gang zog sich in die Länge. Zehn Minuten waren nun längst vorüber. Ich ging zu dem Schalter, an dem die junge

246

thailändische Angestellte saß, um nach dem Pass meiner Frau zu fragen.

Sie drehte sich mit ihrem Drehstuhl um, nahm den Pass, der auf einem seitlichen Regal lag, und warf ihn durch eine Öffnung unter dem Panzerglas hindurch, mit einem ganz und gar unfreundlichen Gesicht. Ich nahm den Pass, vergewisserte mich, ob das Visum eingeklebt worden war und die Daten hierzu korrekt ausgefüllt waren. Dann begab ich mich mit Lilli zum Ausgang.

Ich schwor mir, dass wir nie wieder die deutsche Botschaft in Bangkok betreten würden. Diskriminierung, fehlende Hilfe bei der Beschaffung von Dokumenten, kein Besuchervisum für meine schwangere Verlobte, frostiger und unfreundlicher Dialog, Unterstellungen und willkürliche Ausnutzung der Machtbefugnisse etc. Diese Staatsdiener hatten vollkommen vergessen, dass sie dem Staatsbürgervolk dienten.

Als »Staatsvolk« bezeichnet man zunächst die Bevölkerung eines Staates, also alle Personen, die einen festen Wohnsitz im Staatsgebiet haben, unabhängig von ihrer Nationalität (Ethnie, Herkunft). Im Rahmen der Drei-Elemente-Lehre wäre es daher begrifflich genauer, wenn man vom »Staatsbürgervolk« sprechen würde. Dabei handelt es sich nämlich um die Gesamtheit derjenigen, die am status activus teilhaben können, also um diejenigen, die sich aktiv (zum Beispiel durch Wahlen) am Staat beteiligen können (vgl. dazu Art. 116 GG).

Unmittelbar darauf fuhren wir mit einem Taxi zum Bürogebäude der Thai Airways International. Unsere Freude war unbeschreiblich. Wir hatten Glück und bekamen für Lilli einen Platz in der gleichen Maschine, die ich für meinen Rückflug von Bangkok nach München gebucht hatte. Zwei Wünsche, die Lilli im Wat San Lak Muang ausgesprochen hatte, waren bereits in Erfüllung gegangen: Wir hatten das Visum bekommen und konnten gemeinsam nach Hause fliegen. Nachmittags gingen wir in ein Appartementhaus, das einen Pool besaß. Gegen eine Gebühr nutzten wir das Schwimmbecken und ließen unserer Freude freien Lauf.

»We can fly home together«, klang es mir noch am Abend in den Ohren, so oft hatte Lilli es mir ins Ohr geflüstert.

Am nächsten Tag fingen wir an, die Koffer zu packen. Unser Appartement hatten wir ein Jahr lang bewohnt, da hatte sich so einiges angesammelt. Einen Teil der Sachen wollten wir nach Dong Kheng bringen, um sie dort aufzubewahren, und einen weiteren Teil sollten die Söhne von Lilli erhalten. Den Rest, den wir nicht mehr benötigten, entsorgten wir. Bis zu unserer Heimreise hatten wir noch ein paar Tage Zeit. So beschlossen wir, Ayuthaya, der alten Hauptstadt von Thailand, einen Besuch abzustatten.

Ayutthaya ist eine thailändische Provinzstadt nördlich von Bangkok, die ganz im Gegensatz zu letzterer weder laut noch schrill ist. Vielmehr ist sie als das »alte Venedig des Ostens« bekannt und bietet zahlreiche Tempel aus vergangenen

Tagen. Besonders aufgrund der historischen Geschichte und anmutigen Tempelanlagen gehört Ayutthaya in fast jeden touristischen Reiseplan. Die Flüsse Chao Phraya, der langsame Lopburi und der fischreiche Pasak umfließen das Stadtzentrum und machen es zu einer Insel. Rund 400 Jahre lang war diese Stadt die alte Hauptstadt von Siam, bis sie 1767 völlig zerstört wurde. Nach dieser Niederlage baute König Rama I. rund 80 km entfernt eine neue Hauptstadt auf. Sie sollte »Bangkok« heißen, »die Stadt der Engel«.

In Ayutthaya besuchten wir zuerst den Tempel Wat Phanan Choeng. Er liegt nicht weit entfernt vom Wat Yai Chai Mongkon und wurde als königlicher Tempel im Jahre 1324 von König Sai Namphoeng erbaut.

Der Tempel sollte als Verbrennungsstätte der chinesischen Prinzessin Soi Dok Mak dienen, die der Legende nach ins Königreich Ayutthaya gekommen war, um den König zu heiraten.

Sai Namphoeng nahm sie jedoch nicht zur Frau und Soi Dok Mak nahm sich aufgrund der Ablehnung das Leben. Prinzessin Soi Dok Mak wird bis heute von vielen chinesischen Thais hoch verehrt.

Den Mittelpunkt des Tempels zu Ehren der Prinzessin Soi Dok Mak bildet eine 19 m hohe vergoldete Buddha-Statue aus dem Jahre 1334, die zu den größten Thailands zählt.

Wat Phra Si Sanphet in Ayutthaya - Einst galt er als prunkvollster und schönster Tempel Thailands.

Sehenswert sind zudem die zahlreichen Wand-malereien im chinesischen Stil, die die Gebäude des Wat Phanan Choeng zieren.

Danach folgte der wohl beeindruckendste Tempel von Ayutthaya, der Wat Yai Chai Mongkun.

Schon im Jahre 1357 erbaute hier König U Thong die erste Tempelanlage der Stadt. Mönche, die ihre Studien in Ceylon beendet hatten und nach

Siam zurückkehrten, sollten darin wohnen und leben. Unter König Naresuan wurde die Anlage im 16. Jahrhundert erweitert: Der 62 m hohe Chedi sowie die ausgedehnte Parkanlage wurden als Erinnerung an seinen Sieg über die Burmesen errichtet. König Naresuan stellte sich im Jahre 1592 dem burmesischen Herrscher Phra Maha Uparacha in einem Zweikampf auf einem Kriegselefanten und ging als Sieger des Duells hervor.

Im Anschluss sahen wir uns den Wihan Phra Mongkhon Bophit an. In diesem Tempel befindet sich eine 12,5 m große Buddha-Statue aus Bronze. Sie stammt aus dem 17. Jahrhundert und wurde in Ayutthaya angefertigt. Über Jahrhunderte hinweg war sie den Einflüssen der Witterung ausgesetzt, bis sie im Jahr 1958 restauriert und in diesem neu erbauten Wihan aufgestellt wurde. Die Statue ist in Thailand als größte Darstellung des sitzenden Buddha bekannt und wird sehr verehrt. Viele thailändische Pilger kommen hierher, um dem Buddha ihre Ehrerbietung zu erweisen.

Zu guter Letzt folgte der Wat Phra Si Sanphet, der vor seiner Zerstörung durch die Burmesen im Jahre 1767 einst als prunkvollster und schönster Tempel in Ayutthaya galt.

König Borommatrailokanat begann im Jahre 1448 mit dem Bau der weitläufigen Tempelanlage, die in den folgenden Jahrhunderten konstant erweitert wurde. Nach dem Tod des Königs ließ sein Nachfolger und Sohn, König Ramathibodi II., darauf zwei Chedis als letzte Ruhestätte für die

Asche seines Vaters und seines Bruders errichten. Im Jahre 1592 erhielt die Anlage einen weiteren Chedi. Diese drei Chedis sind bis heute dank zahlreicher Restaurationsarbeiten erhalten geblieben und ermöglichen ein gutes Bild von der einstigen Pracht der Anlage.

Bevor wir nach Hause fuhren, war ein Besuch des Sommerpalasts Bang Pa-In unumgänglich. Er liegt am Fluss Chao Phraya im Bezirk Bang Pa-In. König Prasat Thong baute den ursprünglichen Palastkomplex im Jahr 1632. Später wurde er nicht mehr genutzt und verwahrloste im späten 18. und frühen 19. Jahrhundert. Mitte des 19. Jahrhunderts begann König Mongkut, den Ort wiederherzustellen. Die meisten der heutigen Gebäude entstanden zwischen 1872 und 1889 unter König Chulalongkorn.

Die Palastanlage ist nicht stark von Besuchern frequentiert. Inmitten weitläufiger Gärten befinden sich die folgenden Gebäude: Wehart Chamrunt (Himmlisches Licht): ein königlicher Palast im chinesischen Stil und Thronsaal. Warophat Phiman (Ausgezeichnete und leuchtende himmlische Residenz): eine königliche Residenz. Ho Withun Thasana (Aussichtspunkt der Weisen): ein bunt bemalter Aussichtsturm. Aisawan Thiphta-Art (Göttlicher Sitz der persönlichen Freiheit): ein Pavillon in der Mitte eines Teiches. Wat Niwet Thammaprawat: ein königlicher Tempel.

Auf dem Gelände des Palastes stehen viele Statuen, Denkmäler und Skulpturen. Alle haben natürlich eine Bedeutung und dienen dem

Gedenken an eine Person oder ein Ereignis. Am ergreifendsten ist der Marmorobelisk-Schrein für Königin Sunanda Kumariratana.

Im Jahr 1881 trug ein königlicher Lastkahn die Königin und ihre einzige Tochter, Prinzessin Kannabhorn Bejaratana, entlang des Flusses Chao Phraya nach Bang Pa-In. Der Kahn kenterte und die beiden Royals kämpften im tiefen Wasser um ihr Leben. Königin Sunanda war erst neunzehn Jahre alt und ihre Tochter nicht einmal zwei. Allerdings – und das wird der modernen Welt womöglich wirklich bizarr erscheinen – war die Ehrfurcht vor der Monarchie so groß, dass es den Bürgern verboten war, ein Mitglied der königlichen Familie zu berühren. Somit wagte es niemand, sie zu retten.

Schaulustige sahen zu, griffen aber nicht ein, aus Angst vor den Konsequenzen. Der Hauptbegleiter der Königin, der sich auf einem weiteren Boot befand, hatte die Leute angewiesen, sie nicht zu berühren. So sahen sie alle tatenlos zu, wie Königin Sunanda und ihre Tochter ertranken. Als König Chulalongkorn die Nachricht hörte, war er entsetzt darüber, dass das Gesetz buchstabengetreu ausgeführt worden war.

Er sperrte den Hauptbegleiter ein und hob das Gesetz sofort auf. Das Denkmal enthält ein herzzerreißendes Gedicht des Königs.

Phra Thinang Aisawan Thiphta-Art ein Pavillon in der
Mitte eines Teiches.

Am nächsten Tag reisten wir erneut nach Dong Kheng, um uns von Lillis Familie zu verabschieden. Lilli hatte einige persönliche Sachen aus dem Appartement in Bangkok mitgenommen, um sie in ihrem Elternhaus zu verstauen.

Wir wanderten über die weiten Reisfelder und Lillis Blick streifte wehmütig über die Landschaft. Sie verband viele schöne Erinnerungen mit dieser Gegend, ihrer Heimat. Mir wurde in diesem Augenblick klar, dass die Liebe uns tragen kann, jedoch bedarf es für eine zufriedene Partnerschaft noch einiges mehr: sehr viel Toleranz, Einfühlungsvermögen für die jeweils andere Kultur, Verständnis, Zuneigung und Respekt, Rücksichtnahme und die Fähigkeit, Kompromisse einzugehen, sowie die Förderung des Selbstwerts beider Partner.

Egal in welchem Land unser Lebensmittelpunkt auch sein würde, wir würden immer »die Ausländer« sein und misstrauisch beäugt werden.

Der Tag des Abschieds kam und wir versprachen, bald wiederzukommen. Jedoch flossen trotzdem reichlich Tränen.

Wir nahmen den Nachtbus nach Bangkok, um ein wenig Schlaf zu finden. Außerdem verging die Reisezeit so auch schneller.

In Bangkok blieben uns noch drei Tage bis zu unserer Abreise. Wir räumten mit Lillis Söhnen das Appartement aus und am Ende standen tatsächlich nur noch unsere drei Koffer da.

Am Abend besuchten wir das Cineplex im siebten Stockwerk des Esplanade-Einkaufszentrums. Das Kino erstreckt sich auf einer Fläche von 12.000 m² und ist mit 3.000 Sitzplätzen in zwölf Kinosälen eines der modernsten und exklusivsten seiner Kategorie. Es verfügt über verstellbare Liegesessel, die maximalen Kinogenuss ermöglichen. Neben einer Decke und einem Kissen beinhaltet das Ticket Kekse und ein Getränk nach Wahl aus der Speisekarte.
Bevor der Film begann, lief, wie üblich, die königliche Hymne. Das Lied des Königs, »Phleng Sansoen Phra Barami«, spielt eine sehr wichtige Rolle in Thailand. Bis 1932 war die königliche Hymne zugleich die Nationalhymne. Sobald die ersten Klänge ertönten, erhoben sich alle Kinobesucher und standen stramm zur Ehrerbietung bis zum Verklingen der Hymne. Sie wird dabei von Bildern aus dem Leben des langjährigen Königs Bhumibol Adulyadej (Rama IX.) begleitet.
Noch einmal wollte ich einen typisch thailändischen Food Court in einer Big C Shopping-Mall aufsuchen. Das Angebot umfasste eine erstaunliche Auswahl an authentischen thailändischen Spezialitäten – und das zu Tiefstpreisen von etwa 80 Baht pro Essen. Die Einrichtung entsprach der einer funktionalen und modernen Kantine.

Heimreise nach Deutschland

Der Tag unserer Heimreise nach Deutschland fiel auf Halloween, den 31. Oktober 2008, und war das Ende einer fünfzehnmonatigen Odyssee.

Bei der Gepäckaufgabe am Check-in-Schalter gab es noch ein paar Diskussionen wegen des Gepäcks: drei Koffer mit je 30 kg, dreimal Handgepäck und ein großer eingepackter Bilderrahmen. Lilli erläuterte dem Mitarbeiter des Bodenpersonals, dass wir nach über einem Jahr unseren unfreiwilligen Aufenthalt in Bangkok beendet hatten und jetzt nach Hause fliegen wollten, weshalb wir ein wenig Übergepäck hätten. Nach dieser Erklärung wurden wir mit einem verständnisvollen Lächeln abgefertigt.

Als wir uns in der Luft befanden, überkam Lilli ein Weinkrampf. Die Anspannung und das Leid, das ein ständiger Begleiter der letzten Zeit war, entluden sich auf einmal. Ich nahm sie schweigend in den Arm und jedes Wort wäre jetzt überflüssig gewesen.

Der eingepackte Bilderrahmen interessierte auch den Zollbeamten am Münchner Flughafen. Er war neugierig und wollte wissen, was sich in dem großen Paket befand. Ich antwortet ihm lapidar: »Ein Hochzeitsbild von uns beiden.« Das genügte ihm offensichtlich und wir konnten die Zollkontrolle ungehindert passieren.

Nach unserer Heimkehr musste ich zuerst die Heizung aufdrehen, um das unterkühlte Haus aufzuwärmen.

Food Court in einer Big C Shopping-Mall.

Als wir am Abend im Bett lagen, knarzte der Dachstuhl aufgrund der Temperaturunterschiede und Lilli schreckte auf. Sie fragte mich, was das für ein Geräusch sei. Ich antwortete ihr, das wäre nur der verstorbene Opa Sigmund, der sich ein Bier aus dem Kühlschrank holen würde.

Aufgrund ihres Geisterglaubens bekam sie eine Gänsehaut und ihre Haare stellten sich auf. Ich klärte sie angesichts dieser starken Reaktion sofort auf.

Jetzt waren wir endlich angekommen in Deutschland. Zwei Wochen später erfuhren wir nach einem Schwangerschaftstest, dass sich auch der dritte Wunsch, den Lilli im Wat San Lak Muang ausgesprochen hatte, erfüllen würde: Wir würden ein Kind bekommen und wie sich später herausstellen sollte war es tatsächlich auch ein Mädchen.

Seitdem sind fast dreizehn wundervolle Jahre vergangen und Lilli hat sich ihren Traum von einer eigenen Thai-Massage erfüllt. In den letzten fünf Jahren hat sie sich einen sehr guten Ruf erarbeitet, der bereits weit über die Landkreisgrenzen hinausgeht. Wieder schlug dabei allerdings der Behördenwahnsinn in äußerst grundrechtsverletzender Art und Weise zu.

Verletzung der Grundrechte

Folgender Sachverhalt zeigt die gesetzeswidrige Willkür unserer Beamten auf und wir haben keinerlei Verständnis für solche Entscheidungen.

Was war passiert?

Am Mittwoch, den 03.03.2021 wurden durch Bund und Länder mehrere Beschlüsse für die Öffnungsschritte nach dem Corona-Lockdown gefasst. Demnach konnten ab dem 08.03.2021 die bis dahin noch geschlossenen, körpernahen Dienstleistungsbetriebe (wie z.B. Thai-Massage) mit entsprechenden Hygienekonzepten wieder öffnen, was auch auf der Internetseite der Bundesregierung veröffentlicht wurde.

Am Freitag, den 05.03.2021 bekamen wir auf die Nachfrage, wie diese Veröffentlichungen der Bundesregierung zu verstehen wären, vom Bayerischen Innenministerium folgende Antwort:

»Sehr geehrte Frau Rößler, der ab Montag geltende neue Verordnungstext der 12. BayIfSMV ist uns noch nicht bekannt. Wir können Ihre Überlegungen sehr gut nachvollziehen, können Ihnen hierzu aber noch keine verbindliche Rückmeldung geben.«

Daher haben wir in der Internet-Plattform Facebook darauf hingewiesen, dass ab Montag, den 08.03.2021 Kunden ausschließlich eine Fußreflexzonen-Massage im Rahmen der nicht-medizinischen Fußpflege bei uns buchen können. Hierbei handelte es sich um eine <u>erlaubte Tätigkeit</u> im Sinne der Ziffer 1 der Positiv-Liste des Bayerischen Gesundheitsministeriums, in der ausdrücklich vermerkt war, dass im Bereich der nichtmedizinischen Fußpflege <u>alle Leistungen zulässig</u> wären.

Dies steht auch in Einklang mit § 12 Abs. 2 Satz 2 der 12. BayIfSMV in der Fassung vom 05.03.2021, in der ebenfalls die Erbringung von Dienstleistungen u.a. der nichtmedizinischen Fußpflege ausdrücklich als erlaubte Tätigkeit genannt wird.

An diesem Nachmittag kam die Polizei in Lillis Geschäft und stellte eine Anzeige wegen einer unerlaubten Tätigkeit gegen sie aus. Es folgte ein Bußgeldbescheid wegen Ordnungswidrigkeit in Höhe von 2.628,50 Euro durch das Ordnungsamt, der folgende interessante Begründung enthielt:

»Sie sind Betreiberin des Thai-Massage Salons ....
Die Fußreflexzonenmassage durch reine Massagesalons war als hygienisch oder pflegerisch nicht erforderliche, körpernahe Dienstleistung einzustufen, die am 08.03.2021 nicht zulässig war.«

Von Bedeutung ist hierbei, dass sowohl in der Positiv-Liste des Bayerischen Gesundheitsministeriums als auch in § 12 Abs. 2 der 12. BaylfSMV in der Fassung vom 05.03.2021 nicht auf die berufliche Qualifikation, sondern auf die Erbringung der dort genannten Dienstleistungen abgestellt wird.

Das heißt, der Umstand, dass es sich bei Lilli um die Betreiberin einer Thai-Massagepraxis handelt, ist rechtlich vollkommen irrrelevant bei der Beantwortung der Frage, ob zum Stand 08.03.2021 Lilli eine nichtmedizinische Fußpflege anbieten durfte oder nicht.

Ebenfalls durch den Gesetzeswortlaut nicht gestützt wird das im Bußgeldbescheid enthaltene »Argument«, wonach die Fußreflexzonen-

Massage durch reine Massagesalons […] als hygienisch oder pflegerisch nicht erforderliche, körpernahe Dienstleistung einzustufen wäre, die am 08.03.2021 nicht zulässig gewesen wäre.

Nicht-medizinische Fußpflege bedeutet jedwede Pflege am gesunden Fuß, was natürlich auch Wellness und Entspannung der Füße durch Eincremen und Massieren beinhaltet. Hierzu gehört auch die Fußreflexzonenmassage, welche u. a. von einer Vielzahl von Praxen für die Fußpflege angeboten wird.

Interessanterweise gibt es für die nicht-medizinische Fußpflege keinen Ausbildungs-beruf. Es gibt keine staatlichen Prüfungen und die Handwerkskammern kennen diese Berufs-bezeichnung nicht. Im Ergebnis bedeutet dies, dass jedermann erlaubterweise nicht-medi-zinische Fußpflege als Dienstleistung anbieten darf. Jedoch verfügt Lilli im Gegensatz zu »Jedermann« über eine Zertifizierung für Reflex-zonenmassage.

Bezüglich der von Lilli erbrachten Reflexzonen-massage gibt es bislang keinen wissen-schaftlichen Nachweis der Wirksamkeit, d. h. es handelt es sich hierbei definitiv um eine Dienstleistung der nicht-medizinischen Fußpflege im Sinne des § 12 Abs. 2 Satz 2 der 12. BayIfSMV vom 05.03.2021.

Eine Erläuterung der Krankenkassen Deutsch-lands bestätigt diese Ausführung.

Der Bußgeldbescheid lastet Lilli daher im Ergebnis zu Unrecht an, eine angeblich nicht erlaubte Dienstleistung im Bereich der Fußpflege ausgeübt zu haben, obwohl diese Dienstleistung in der Bundesrepublik Deutschland von jedermann erlaubterweise ausgeübt werden durfte und darf.

Im Umkehrschluss ergibt sich aus diesem »Argument«, dass jedermann mit Ausnahme einer Person, welche eine »reine Massagepraxis« betreibt, derartige Fußreflexzonen-Massagen erlaubterweise hätte erbringen können, d. h. völlig unabhängig von der Eignung und der beruflichen Qualifikation.

Dass es sich bei der Erbringung einer Fußreflexzonen-Massage um eine Tätigkeit auf dem Gebiet der Fußpflege handelt, ist unstrittig.

Die unstatthafte Auslegung durch das Landratsamt der Vorschrift des § 12 Abs. 2 der 12. BayIfSMV in der Fassung vom 05.03.2021 erweist sich aus den genannten Gründen nicht nur als gesetzeswidrig, sondern auch als auch ein Verstoß gegen das Grundgesetz, und zwar gegen den in Artikel 3 Abs. 1 GG verankerten Gleichheitsgrundsatz.

Danach müssen gleiche Sachverhalte auch rechtlich gleich behandelt werden.

Der Grundrechtsverstoß des Bußgeldbescheids liegt auf der Hand, denn ein identischer Sachverhalt, sprich die Erbringung einer erlaubten Tätigkeit, und zwar Fußreflexzonen-Massage, wird vom Landratsamt eklatant grundrechtswidrig ungleich behandelt, indem nach Auffassung des Landratsamts gemäß dem angegangenen Bußgeldbescheid diese erlaubte Tätigkeit eben gerade nicht von jedermann erbracht werden kann, sondern von jedermann mit Ausnahme eines »reinen Massagesalons«.

Es handelt sich bei diesem Verständnis der Vorschrift des § 12 Abs. 2 der 12. BaylfSMV in der Fassung vom 05.03.2021 um nichts Anderes als reine Willkür.

Zudem wurde und wird von Lilli kein reiner Massagesalon betrieben, welcher als hygienisch oder pflegerisch nicht erforderliche, körpernahe Dienstleistung einzustufen wäre.

Da reine Massagesalons (siehe Deutsche Enzyklopädie) alle Arten von Entspannungs-massagen anbieten, darunter auch Erotik-Entspannungsmassagen, trifft dieser Begriff/diese Begründung in keiner Weise auf Lillis Firma zu, da von dieser derartige Massagen nachweislich weder angeboten wurden oder werden.

Lilli ist Mitglied der renommierten Union of Thai Traditional Medicine Society. Lilli ist »Thai Traditional Medicine Association Director« der Union of Thai Traditional Society sowie »Nuad Thai Instructor« und die von Lilli ausgeübte Thaimassage ist UNESCO Weltkulturerbe.

Wir haben uns ausdrücklich von einer Klassifi-zierung als reiner »Massagesalon« distanziert und uns gegen diese Art der Diskriminierung bei der Regierung der Oberpfalz beschwert.

Ebenso haben wir bei der Regierung der Oberpfalz eine Verletzung des Gleichheitsgrundsatzes moniert.

Die Stellungnahme der Regierung der Oberpfalz ergab, dass es aus ihrer Sicht <u>nichts zu beanstanden</u> gäbe.

<u>Hätte ich der Beamtin, die diese Stellungnahme verfasst hat, an den Kopf geworfen, sie würde in St. Pauli auf den Strich gehen – was hätte ich zu erwarten gehabt?</u>

Egal welches Beleidigungsdelikt vorliegt, es sind je nach Schwere der Beamtenbeleidigung Strafen in Deutschland vorgesehen. Im schlimmsten Fall können bei einer Beleidigung Freiheitsstrafen von bis zu einem, bei einer Verleumdung bis zu fünf Jahren verhängt werden.

Bis zum heutigen Tag hat sich noch niemand für diese Art der Diskriminierung bei Lilli entschuldigt.

Als weitere Maßnahme schrieben wir auch an die Antidiskriminierungsstelle des Bundes und erhielten folgende Antwort:

»[...] Die Antidiskriminierungsstelle des Bundes ist allerdings vermutlich nicht die richtige Stelle für Ihr Anliegen.«

Die Würde des Menschen ist unantastbar. Sie zu achten und zu schützen ist Verpflichtung aller staatlichen Gewalt.

Da Beamtinnen und Beamte in einem öffentlich-rechtlichen Dienst- und Treueverhältnis stehen, wird ihnen durch diese Sonderstellung eine Reihe besonderer Pflichten auferlegt, die sich u. a. aus den Grundsätzen des Berufsbeamtentums ergeben. Sie haben dem ganzen Volk und nicht einer Partei zu dienen, was nicht ausschließlich parteipolitisch zu verstehen ist. Sie haben ihre Aufgaben unparteiisch und gerecht zu erfüllen und müssen bei ihrer Amtsführung immer auf das Wohl der Allgemeinheit Rücksicht nehmen.

Die wichtigste Pflicht aus dem Dienst- und Treueverhältnis ist die »Treuepflicht«. Von ihr lassen sich die übrigen Pflichten ableiten. Dies gilt vor allem auch für die Pflichten, die im Beamtenrechtsrahmengesetz, Bundesbeamtengesetz sowie in den Landesbeamtengesetzen nicht ausdrücklich genannt sind. So wird etwa aus der Treuepflicht die Verpflichtung abgeleitet, dass Beamte zu »steter Dienstleistung« bereit sein müssen und sich zur freiheitlich-demokratischen Grundordnung im Sinne des Grundgesetzes bekennen und für deren Erhaltung aktiv eintreten.

Machen Sie sich selbst ein Bild davon, ob diese Beamtinnen und Beamte ihrer Treuepflicht in unserem Fall nachgekommen sind oder nicht.

Ein weiterer Vertrauensmissbrauch durch unsere Beamtinnen und Beamten, die in einem öffentlich-rechtlichen Dienst- und Treueverhältnis stehen und deren willkürliche und offensichtlich gesetzeswidrige Handlungen haben uns veranlasst, dieses Buch zu schreiben und diese Missstände anzuprangern.

Wir möchten daran erinnern:

In unserer Verfassung wird zweimal der Begriff freiheitliche demokratische Grundordnung verwendet [Art. 18, Art. 21(2) GG]. Damit ist die demokratische Ordnung in Deutschland gemeint, in der demokratische Prinzipien [Art. 20 GG] und oberste Grundwerte gelten, die unantastbar sind. Allen voran gehört dazu die Würde des einzelnen Menschen [Art. 1 GG]. In der deutschen Demokratie herrschen Freiheit und Gleichheit vor dem Gesetz.

Die Gerichtsverhandlung

Wir begaben uns frühmorgens zum Gerichtssaal. Schon bei der Sicherheitskontrolle am Eingang wurde Lilli – gewollt oder ungewollt – wie eine Verbrecherin behandelt.

Es waren zwei Zeuginnen geladen, die am besagten Montag, den 08. März 2021 als Kundinnen zugegen waren, als die Polizei in die Massagepraxis kam. Eine der beiden Zeuginnen bestätigte vollumfänglich, dass an ihr lediglich eine »Thai-Beinbehandlung« durchgeführt wurde.

Auch von der als Zeugin vernommenen zweiten Kundin wurde nachweislich nicht bekundet, dass von Lilli eine »unzulässige« Massagebehandlung ausgeführt worden wäre.

Der zuständige Richter zeigte bereits bei Verhandlungsbeginn eine sehr aggressive Grundhaltung und unterstelle unserem Anwalt, meinem Schwager, er hätte die Zeuginnen beeinflussen wollen.

Was folgte war eine Machtdemonstration durch Einschüchterung und Verängstigung durch den Richter, indem er den Zeuginnen Strafen im vierstelligen Eurobereich im Falle einer Falschaussage androhte.

Man unterstellt jemandem etwas, das man unbewusst eigentlich selbst machen möchte.

Der römische Dichter Plautus schreibt schon in der Antike: »Du beurteilst den Charakter anderer nach deinem eigenen« (Tuo ex ingenio mores alienos probas).

Beim Gerichtsverfahren ging es plötzlich nicht mehr nur um den Verstoß der angeblich unerlaubten Fußreflexzonenmassage, die uns zur Last gelegt wurde, sondern um eine begangene Rückenmassage, die nachweislich nie erbracht worden war.

Die zweite Kundin kam ohne Anmeldung in die Massage und klagte über erhebliche Rückenschmerzen. Lilli hatte sich die Stellen, die diese Schmerzen verursacht haben, angesehen und begutachtet.

Eine Massage hatte zu keinem Zeitpunkt stattgefunden, weil die Polizei zu diesem Zeitpunkt schon vor Ort und dabei war, die Personalien der Anwesenden festzustellen. So wurde es auch nachweislich bei der Zeugenvernehmung protokolliert.

Es ist wichtig zu wissen, dass der Versuch einer Ordnungswidrigkeit nur geahndet werden kann, wenn das Gesetz dies ausdrücklich bestimmt, wie sich aus § 13 Abs. 2 OWiG ergibt.

Wenn Sie den dafür vorgesehenen Wortlaut im § 29 Nr. 10 der 12. BayIfSMV vom 05.03.2021 in der Fassung vom 08.03.2021 lesen, werden Sie feststellen, dass der Versuch der Ordnungswidrigkeit hier nicht ahndungsfähig gewesen wäre.

Wenn jemand schon einmal unter extremen Rückenschmerzen gelitten hat, kennt er die entsprechenden Schmerzen und den damit verbundenen Notstand.

Grundsätzlich besteht in Deutschland die allgemeine Pflicht, in Notsituationen für jedermann Hilfe zu leisten. Es ist dabei unerheblich, ob die betreffende Person eine entsprechende Ausbildung in Erster Hilfe oder gleichwertige Kenntnisse besitzt oder nicht.

Ein Mensch hat extreme Schmerzen. Ein anderer Mensch mit einem ethisch einwandfreien Lebenswandel und der dafür erforderlichen Ausbildung versucht nun, diesem Menschen zu helfen und seine Schmerzen zu lindern, und dies auch noch an einem Tag, an dem Bund und Länder beschlossen und veröffentlicht hatten, dass Massagen wieder öffnen dürfen.

Die Gewissensfreiheit aus Art. 4 (3) GG schützt Gewissensentscheidungen. Darunter versteht man jede ernste und sittliche, an den Kategorien von »Gut« und »Böse« orientierte Entscheidung, die der Einzelne in einer bestimmten Lage innerlich als für sich bindend und unbedingt verpflichtend erfährt, sodass er gegen sie nicht ohne ernste Gewissensnot handeln kann.

Jetzt kann der Leser selbst entscheiden, ob Lilli hier moralisch und rechtlich richtig gehandelt hatte oder nicht. Wenn Menschen sich in dieser Pandemie aufopferungsvoll in den Physiotherapiepraxen um die Beschwerden anderer Menschen kümmern und als wahre Helden der Pandemie gelten – wie ist Lilli dann zu beurteilen, als wahre Heldin oder als Straftäterin? Dieses Messen mit zweierlei Maß zeigt mehr als eindrücklich die Ambivalenz unserer heutigen Gesellschaft auf.

Die Zeugin und zweie Kundin wurde durch den Richter so sehr unter Druck gesetzt, dass sie auf mehrfache Nachfrage des Richters entgegen ihrer ursprünglichen und zeitnahen Aussage bei der Polizei unter zögerlichem Nuscheln gesagt hatte: »Ja möglicherweise hat sie mich eine Minute massiert.«

Auf diese Aussage hat der Richter sehnsüchtig gewartet, um Lilli zu einer Geldstrafe von 2000 Euro zu verdonnern.

Die Gerichtsverhandlung erinnerte mich stark an den Film »Rosen für den Staatsanwalt« – darin gab es für den Protagonisten des Films ein

Todesurteil, weil dieser aus Hunger Schokolade gestohlen hatte.

Wenn man in Deutschland nach bestem Wissen und Gewissen eine Tätigkeit ausübt, aufgrund einer Veröffentlichung auf der Internetseite der Bundesregierung bzw. in den öffentlich-rechtlichen Sendeanstalten und auf die dieser Veröffentlichung nicht widersprechende Mitteilung des Bayerischen Innenministeriums vertraut hat und auch auf redliche Weise vertrauen durfte, dann gibt es auch in Pandemiezeiten keine Rechtfertigung für ein Bußgeld in einer unverhältnismäßigen Höhe von 2000 Euro.

Der Staat generiert hier Mega-Einnahmen in Millionenhöhe, eingetrieben durch die Abzocke mit sogenannten Corona-Ordnungswidrigkeiten!

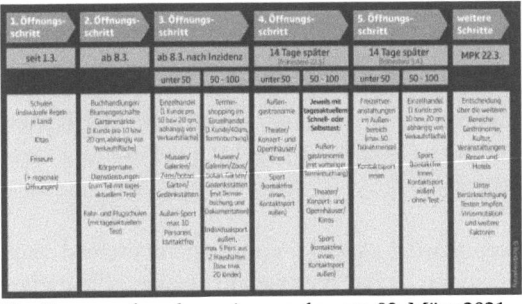

Quelle: www.bundesregierung.de vom 03. März 2021.

Lilli hat <u>fünf Jahre</u> lang jeden Monat 50 Euro gespart. Dieses Sparguthaben wurde ihr hier, ohne Gewissensbisse und ohne mit der Wimper zu zucken, nun einfach weggenommen.

Mein Schwager legte dem Richter im Prozess noch nahe, „die Kirche doch im Dorf zu lassen" im Sinne von: Lasst es uns nicht übertreiben, es geht auch eine Nummer kleiner.

Im Mittelalter bezeichnete man Raubritter als diejenigen Angehörigen des ritterlichen Standes, die sich durch Straßenraub und Plünderungszüge bereicherten.

In dem besagten Bußgeldbescheid wurden die maßgeblichen Grundsätze für die Festsetzung einer Geldbuße gemäß Bußgeldkatalog »Corona-Pandemie« vom 17.03.2021 (BayMBl. 2021 Nr. 206) nicht nur nicht beachtet, sondern grob missachtet. Zu verweisen ist auf den Fallkatalog in Ziffer 5.3 des Bußgeldkatalogs. Die dort genannten Tatbestände, in denen eine Ermäßigung in Betracht kommen kann und auf unseren Fall vollumfänglich zutrafen, wurden bei der Bemessung der Höhe des Bußgelds pflichtwidrig nicht berücksichtigt.

Exemplarisch wurde im Bußgeldbescheid dem Umstand, dass die Gefahr einer potentiellen Infizierung anderer Personen nach den Umständen des Einzelfalles in unserer Massagepraxis gering war, keinerlei Rechnung getragen.

In diesem Zusammenhang ist auf eine Studie der TU Berlin zu verweisen. Wie sich aus dieser Studie ergibt, ist das Risiko einer Ansteckung in einer Massagepraxis, wie diese von Lilli betrieben wird, in etwa vergleichbar mit dem Risiko bei einem Friseurbesuch. Dies deshalb, da sich in einer Kabine jeweils nur ein Kunde sowie die behandelnde Person befinden.

Erläuterungsbeispiel: Eine Person im Supermarkt mit Maske hat ein Risiko mit dem Wert ≤ 1. Das bedeutet, dass sich in dieser Situation maximal eine weitere Person anstecken wird. Im Vergleich dazu hat die Thai Massage einen Wert von 0,6. Das bedeutet, dass das Risiko in dieser Situation um 40 % niedriger ist als im Supermarkt, der für jeden zugänglich ist.

Ganz offensichtlich wollte das Gericht an Lilli hier ein Exempel statuieren, damit niemand es in Zukunft wagen würde, die Corona-Maßnahmen und die damit verbundenen Grundrechtsverstöße zu kritisieren und in Frage zu stellen.

Das Gericht hat unter Berücksichtigung des gesamten Inhalts der Verhandlungen und des Ergebnisses einer etwaigen Beweisaufnahme nach freier Überzeugung zu entscheiden, ob eine Behauptung für wahr oder für nicht wahr zu erachten sei.

Dem Richter ging es offenkundig nicht um die Berücksichtigung des gesamten Geschehensablaufs, sondern nur um eine Verurteilung, um potentielle Entschädigungsansprüche zu vereiteln und bereits im Keim zu ersticken.

Bei Grundrechtseingriffen muss gemäß der ständigen Rechtsprechung des Bundesverfassungsgerichts der sogenannte Verhältnismäßigkeitsgrundsatz beachtet werden:

Grundgesetz für die Bundesrepublik Deutschland
Art 19

(1) Soweit nach diesem Grundgesetz ein Grundrecht durch Gesetz oder auf Grund eines Gesetzes eingeschränkt werden kann, <u>muss das Gesetz allgemein und nicht nur für den Einzelfall gelten.</u> Außerdem muss das Gesetz das Grundrecht unter Angabe des Artikels nennen.
(2) <u>In keinem Falle darf ein Grundrecht in seinem Wesensgehalt angetastet werden.</u>
(3) Die Grundrechte gelten auch für inländische juristische Personen, soweit sie ihrem Wesen nach auf diese anwendbar sind.
(4) Wird jemand durch die öffentliche Gewalt in seinen Rechten verletzt, so steht ihm der Rechtsweg offen. Soweit eine andere Zuständigkeit nicht begründet ist, ist der ordentliche Rechtsweg gegeben. Artikel 10 Abs. 2 Satz 2 bleibt unberührt.

Zählen Sie doch einmal mit, mit wie vielen Grundrechtsverstößen wir im Lauf unserer Geschichte konfrontiert worden sind.

Epilog

Bezogen auf das soziale Zusammenleben bedeutet Integration, dass kulturell und anderweitig verschiedene Personen und Gruppen einer Gesellschaft gleichberechtigt zusammenleben. In diesem Zusammenhang hat Integrationspolitik die Aufgabe, Rahmen für die Integration zu schaffen, d. h. Fragen der rechtlichen Gleichbehandlung anzugehen, den Abbau von Diskriminierung voranzubringen, gegenseitige Akzeptanz und Anerkennung zu fördern und zu unterstützen.

Integration erfolgt sehr unterschiedlich und hängt nicht zuletzt von den politischen, sozioökonomischen, kulturellen oder religiösen Prägungen der Zugewanderten ab. Dabei bedeutet Integration nicht, dass sich eine Person oder Gruppe assimilieren muss und ihre kulturelle Herkunft und Identität, die sich z. B. durch Sprache, Religion oder Traditionen ausdrückt, aufgibt. Der Prozess der Integration besteht aus Annäherung, gegenseitiger Auseinandersetzung und Kommunikation, dem Finden von Gemeinsamkeiten und Unterschieden und der Übernahme gemeinschaftlicher Verantwortung auf beiden Seiten.

Diese Verantwortung hat Lilli übernommen. Sie hat den Integrationskurs mit einem erfolgreichen Abschluss bestanden. Sie hat freiwillig am Seminar »Deutsch als Fremdsprache – Mittelstufe B2«

teilgenommen. Sie hat die deutsche Staatsbürgerschaft und den Pkw-Führerschein Klasse B erworben. Die Prüfung für den Pkw-Führerschein absolvierte sie in deutscher Sprache. Sie gründete ein eigenes Unternehmen, eine eigene Existenz in Deutschland, was ein hohes Maß an Eigeninitiative und Verantwortung erfordert.

Akzeptanz und Anerkennung für diese Leistungen und gegenseitige Auseinandersetzung und Kommunikation sieht anders aus.

Artikel 10 der Allgemeinen Erklärung der Menschenrechte besagt: Jeder Mensch hat bei der Feststellung der eigenen Rechte und Pflichten sowie bei einer gegen ihn erhobenen strafrechtlichen Beschuldigung in voller Gleichheit Anspruch auf ein gerechtes und öffentliches Verfahren vor einem unabhängigen und unparteiischen Gericht.

Derjenige der so viel Leid und Unrecht auf seine Schultern lädt, ist sehr arm in der Seele.

Menschen die dementsprechend viel negative Energie verursachen, werden zwangsläufig negative Energien auf sich ziehen, wie Abt Luang Pho Lai, der Ziehvater von Lilli, mir des Öfteren versichert hatte.

Abt Luang Pho Lai in Dong Kheng

Wenn Grundrechte derartig mit Füßen getreten werden und Richter nicht mehr objektiv nach Sachlage entscheiden, wenn Integration nur auf dem Papier stattfindet, dann wird es Zeit, sich auf den Weg zu machen, denn eine Demokratie setzt die Einhaltung von Grundrechten voraus.

Wir »schlafwandeln« in eine Zeit, in der die Bürgerrechte immer weiter beschnitten werden. Schritt für Schritt geben wir immer mehr Freiheitsrechte auf. Doch in einem demokratischen Staat trägt jeder Einzelne die Verantwortung.

Ich hoffe, es ist mir gelungen, den Leserinnen und Lesern die Tragweite der Verletzung dieser Grundrechte zu veranschaulichen und ihnen mit auf den Weg zu geben, dass wahre Liebe alle Hürden überwinden kann.